逆襲の時代

石田和靖【越境3.0】

ジェイソン・モーガン

脱DS支配

これからを生きるための

真・世界認識

THE AGE OF REVENGE

徳間書店

はじめに　【この30年の〝違和感〟へのリベンジ】

本書をお手に取っていただきありがとうございます。越境３・０チャンネルという国際情勢の YouTube を配信しております石田和靖と申します。

僕は中東アラブ地域と30年間関わりを持ち、現地の政府や企業、大学など様々な人脈を通じて情報を得てきました。そのなかでいくつかのプロジェクトやお仕事にも関わらせていただきました。つまり、僕にとって中東アラブは大好きな旅行先である以上に仕事仲間がいる場所でもあります。

まずお伝えしたいのは、彼らは非常に親日的で日本を愛し尊敬しているということです。僕もとても親切にされ、ときには助けられ、素敵な思い出がたくさんつまっています。

しかし日本に帰ってくると中東アラブ地域に対してはネガティブな報道ばかりが目立ち、ほとんどの人が中東というと、「怖い」「テロと紛争の地域」「でも石油があるから付き合わなければならない」といった印象を持っていると思います。

しかし30年間の付き合いを通して現場を知っている人間からすれば、そのような報道に大きな〝違和感〟があったことはいうまでもありません。もちろんテロや紛争のある地域もありますが、それを一括《ひとくく》りの「中東」像にしてしまってはあまりに短絡的すぎます。

そもそも中東と一口にいってもその地域は広大です。西はリビアやエジプトから東はイランまで、北はトルコから南はアラビア半島南端のイエメンまで。

確かに戦争が起きている地域――パレスチナ、レバノン、シリア、イラクなどの地中海東海岸地域――もありますが、米国から「悪の枢軸」と呼ばれ、怖いイメージのイランが意外と治安のよいことをご存じでしょうか。

また湾岸諸国（UAE、サウジアラビア、カタール、クウェート、バーレーン、オマーン）などは今の日本よりも〝治安がいい〟とさえいえる面が多くあります。しかも湾岸諸国は日本の10年20年先もの未来を走り抜けていると思わせるような、多くの先進的なプロジェクトが推進されているのです。

どんな事象も光と影があり、原因と結果がある。

しかし日本のマスコミ報道は、その光の部分や原因の部分をほとんど報道しません。

たとえば現在起きているイスラエルの戦争に関しても、２０２４年10月７日のハマス奇襲攻撃以降の戦闘の「結果」は流し続けますが、それ以前の「原因」、歴史的背景に値するものはほとんど報じない。

僕の〝違和感〟は中東を通して芽生えましたが、そのような違和感を持つ人はあらゆるジャンルにいるのではないか。

そんなモヤモヤっとした想いを抱いているなか出会ったのが、ジェイソン・モーガンさんです。
言論系 YouTube 番組の「チャンネル桜」の討論番組での収録のことでしたが、共演者のモーガンさんとは意気投合しいろいろなことを教わりました。専門の歴史はもちろんのこと、地政学・政治・経済・哲学・宗教など様々な視点から今、米国と日本で起きていることを解説してくれたのです。

日本のマスコミが偏向しているのは西側社会の一部の特権階級によって支配されているからであり、彼らが世界で推進するグローバリズム（全体主義）の悪影響が各国で顕在化し、トランプ大統領再選を象徴とした各国の「極右」と呼ばれる政治家の潮流を生み出していることも、モーガンさんとの議論により確信することができました。

本書はその結晶です。

今、多くの方が世界の〝違和感〟、日本の〝違和感〟に気づいているはずです。その違和感の正体を明かし何とか是正したい。そういう方が増えていることを僕は肌感覚で感じるのです。

家族を愛し、友達や仲間を愛し、国を愛し、それはごくごく自然な人間の営みですよね。でもそういう人たちのことをマスコミは「極右」と呼ぶ。人間らしく楽しく笑って愛情を持って生きていく。そんなささやかな僕らの願いを問答無用に上から押さえつける勢力のことを「グローバリズム」と呼びます。

「人間がいいか？　ロボットがいいか？」

この本は僕らの逆襲の第一幕です。本書を読み終えたらぜひお友達ともこの内容についで話し合ってみてください。ひとりでも多くの人が気づき動くことを願います。

越境3・0チャンネル　石田和靖

目次

第2章　身近にいるディープステート

第3章　「ロボット」のＧ7か「人間」のＢＲＩＣＳか

第4章 「トランプ3・0」はリベンジの時代

装丁／ヒキマタカシ
編集／佐藤春生　浅川亨
校閲／西﨑士郎
撮影／盛孝大
DTP／C－パブリッシング サービス

THE AGE OF REVENGE

第1章

グローバリズムの敗北

◆「ワシントン&イスラエル」双頭体制に最後に気づいたアメリカ人と日本人

モーガン　カズさんのご著作『10年後、僕たち日本は生き残れるか――未来をひらく「13歳からの国際情勢」』（KADOKAWA）を拝読しました。非常にいい本ですね。タイトルどおり13歳にもわかりやすく書いていて、しかもデータも豊富です。

石田　モーガンさんにそういっていただけるのは光栄です。

モーガン　本書のなかでも紹介されている駐日パレスチナ大使のワリード・アリ・シアムさんと私も先日お会いしました。シアム大使はパレスチナとイスラエルの関係について次のように衝撃的な証言をしております。

「現在、パレスチナだった領土は、イスラエルが78%、パレスチナが22%になってしまった。しかし、私たちは22%でいい。それでいいとサインもしました。それでもイスラエルは侵略と虐殺をやめません。彼らは、神が自分たちに土地を与えたといいます。しかし神は、不動産会社ではありません。神は、『ここは日本だ』『ここは中国に

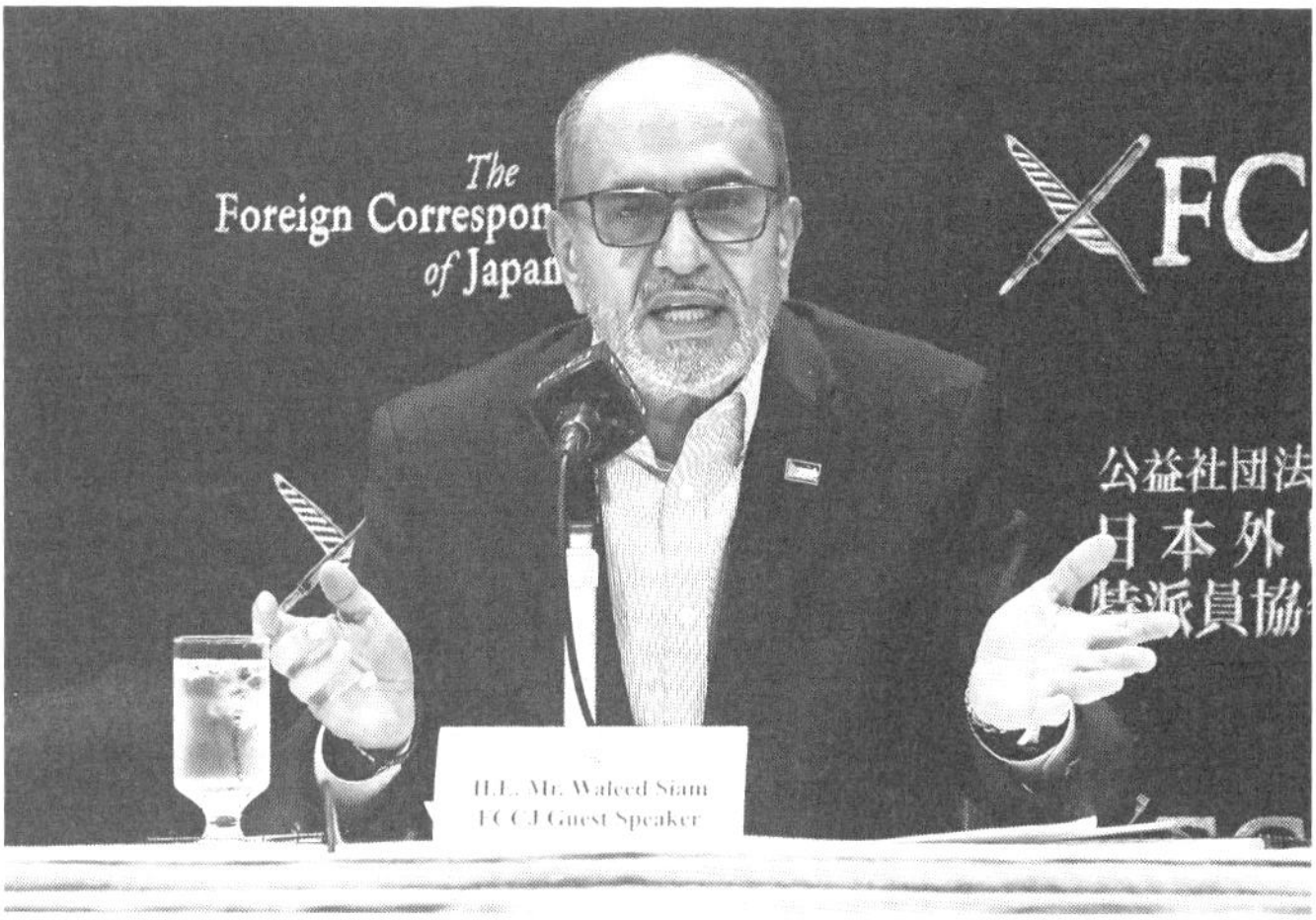

ワリード・アリ・シアム駐日パレスチナ大使。写真：ZUMA Press/アフロ

しよう』『こっちはロシアと名づけよう』、そんなことはしません。神が私たちに土地を与えたのではなく、私たちが国境をつくったのです。神は関係ありません。彼らは歴史を改ざんしたのです。私は22％を受け入れます。それ以上を求めません。だから、私たちを放っておいてほしい。私たちを見たくないなら間に壁を築いてください。私たちは自由になりたいんです。それは、私たちの権利なのだから」

（『10年後、僕たち日本は生き残れるか――未来をひらく「13歳からの国際情勢」』）

これはまさに本書のテーマのひとつである「グローバルサウス」と呼ばれる第三世

界、冷戦時に西にも東にも属さなかった中東やアフリカ、南アメリカといった南側の国々、すなわちグローバリズムの犠牲になってきた国々から見た「世界像」です。日本の、特に若者たちにぜひ知ってほしい。

このような切実な声を聴くと、一刻も早くグローバリズムの敗北、グローバリストたちの世界支配体制の打破を成し遂げなければならないと強く感じます。

石田　モーガンさんがふだんおっしゃっていることや書かれていることを世界の人々は気づき始めています。「ワシントンの戦争屋」たちが仕掛ける戦争に国際社会がいかに巻き込まれてきていたか。ことにグローバルサウスの人たちは。

モーガン　私のほうこそ、グローバルサウスの人たちに教えてもらうことが多いです。私自身そのことが見えなかった時期が続いていました。恥ずかしい限りですよ。

ですが、やっとワシントンとイスラエル、この〝双子〟の創作による戦争史観から目覚めることができました。

石田　モーガンさんはアメリカがワシントン&イスラエルに支配されてきたこと、いわばアメリカの内側を暴露し、僕はアメリカの外側、主に第三世界と呼ばれる国々から眺め直すことにより、アメリカおよび、世界で何が起きているかを伝えてきました。

タッカー・カールソン。2024年12月19日、アリゾナ州で開催されたターニング・ポイントUSA で演説。写真：ZUMA Press/ アフロ

その意味では今回の対談は、国際情勢を読むうえで非常に立体的になると思うんです。

モーガン　まさにそうです。カズさんの功績は非常に大きいと思います。出版関係者に聞くと、いわゆる「保守」の読者層は年齢層が高い。でもカズさんのYouTube「越境3・0チャンネル」のフォロワーも読者も若い方が多いですよね。

石田　ウラジーミル・プーチン大統領の独占インタビューを果たした米保守派政治コメンテーターのタッカー・カールソンは、「われわれ西側諸国の人間は西側メディアによってウソ偽りで塗り潰され

てきた」とはっきり断定しています。だからむしろグローバルサウスの人たちのほうが、そのことに気づくのがずっと早かった。戦後、戦争屋が押し付けてきた「戦争・搾取・説教」の3つに対する嫌悪と拒否を示してきたのです。

ところがわれわれ日本人は彼らの手のひらで転がされ、その事実に気づくのが遅かった。

モーガン　戦後だけでも80年、さらにさかのぼれば400年以上、ワシントンは「戦争・搾取・説教」を続けてきました。

石田　長いですねえ。

モーガン　それは恐いことでもあるのですが、反対にそのことを知ってわくわくすることもある。

石田　平和の時代の幕開けでもあるからですね。

モーガン　そうです！　だから希望を持っています。「グローバリズムが死ぬ」のだと。

石田　この4年間が大きかった。新型コロナによるパンデミック、ウクライナ戦争、イスラエル・ハマス戦争という大きなことがたった4年間で立て続けに起きた。これで世界の人々が気づいた。そして直近では内戦が続いていたシリアの「アサド政権」がついに崩壊し、バッシャール・アル＝アサド大統領はロシアに亡命しました。

アサド政権を支えていたロシアとイランがシリアへの関与を薄めたことにより、いわゆる「反体制派」――といっても一枚岩ではなく、クルド族やアルカイダの残党などが犇《ひし》めいていますが――に倒された。反体制派にはワシントンやイスラエルの支援があります。

彼ら、グローバリスト側のやっていることがあからさまになってきているから、見え見えなんですよね。

モーガン　立憲民主党の衆議院議員である原口一博先生が『プランデミック戦争――作られたパンデミック（悪性リンパ腫との闘いを超えて）』（青林堂）で告発されたことは非常に重要なことです。つまり、パンデミックはつくられた、計画されたものだということですが、同様にウクライナ戦争も、イスラエル・ハマス戦争も仕掛けられたものでした。
しかしその事実がバレた以上、今度は私たち一人ひとりが自ら新しい企画を立ててその実現に向かって動くべき秋《とき》がきたということです。

◆世界の9割の人たちは「極右」

石田　世界は確実にその方向へ向かっています。

オーストリアでは2024年9月29日に行なわれた下院選挙で、「極右」と呼ばれる自由党が第1党となりました。いわゆる「極右政党」の台頭は、ヨーロッパの大きな潮流です。

2022年以降、イタリアのジョルジャ・メローニ首相が党首として率いる「イタリアの同胞」、2024年9月ドイツ東部のテューリンゲン州の州議会選挙で第1党となった「ドイツのための選択肢（AfD）」、フランスでは同年6月の欧州議会選挙で勝利を収めた「国民連合」です。そして、イギリスの「リフォームUK」、ポーランドの「法と正義」、スペインの「ボックス（VOX）」もそうでしょう。しかしなぜかマスコミは必ず彼らを「極右」と報道する。しかし、彼らはいずれも国を愛している政治家たちです。

モーガン　そうです、支持者もごくふつうの人々です。移民やLGBT法など共同体を破壊する極左政策から「家族を守りたい、自分の町をめちゃくちゃにされたくな

ジョルジャ・メローニ首相（イタリア）。写真：AP/アフロ

い」。そう思うことのどこが極右なのか（笑）。日本の報道は本当に酷い。「報道ステーション」の大越健介キャスターがドイツに行って「極右」の人たちを取材するのですが、ふつうの人たちにしか見えない。私を極右というのはともかく、私の母や家族と変わりません。それなのに日本のフェイクニュースメディアがAfDのような政党を「危険なファシスト」呼ばわりする。

反対に共産主義らしい運動に参加しているような、袖を切り落としたジージャンを着てパープルに染めたモヒカン頭のような人たちを「穏健」だと評す（笑）。倒錯しています。まさにプロパガンダ。

石田　世界の8割から9割が「極右」とい

オルバーン・ヴィクトル首相（ハンガリー）写真：ロイター／アフロ

うことです。家族を愛して仲間を愛して国を愛する人たちを「極右」というのであれば。

モーガン　2025年に向けて世界の潮流がガラッと変わろうとしています。

その最たる例がドナルド・トランプの大統領再選です。しかも不正があったにもかかわらず圧勝した。上院・下院も過半数を制した共和党は「トリプルレッド」、今後2年間はトランプがやりたい政策を存分にできる環境にあります。

トランプが大統領に返り咲いたことを歓迎しているのは「極右」のリーダーたち。

ハンガリーのオルバーン・ヴィクトル首相は「歴史は加速しており、世界が変わろうとしている証である」と喜び、オランダ自由党のウィルダース党首も「愛国者たちが世界中の選挙で勝利を収めている」と同じ認識を示しています。

トランプ大統領が主導するかたちで、各国でも不法移民問題が俎上《そじょう》にのぼると思われます。

ウクライナ戦争やイラン＝イスラエル戦争も収束の方向へ向かうでしょう。

石田　その節目にいるなかで僕たちのメッセージ、これまでの世界がどうあって、これから世界がどうなるかを本書を通して伝えていきたい。

◆日本は世界一の〝多様性〟国家

モーガン　私がカズさんと最初に出会ったのは、1年以上前かもしれませんが、印象的だったのは、チャンネル桜での討論番組の収録前に、ハマスとイスラエルの紛争についてイスラエルを支持する私とカズさんとは意見の相違があるな、ということでした。
当時の私は国際政治学者のジョン・ミアシャイマーの動画をチェックしたり、本を読んでいたので、イスラエルロビーがワシントンを操っていたことはわかっていましたが、イスラエルでテロ事件が起きると、アメリカ人の本性としてイスラエル支持に頭をもたげてしまうのです。

しかし、中東問題について細かく分析されているカズさんの意見を聞くとやはり「違うな」とこの1年くらいで思い直しました。

石田　チャンネル桜の討論番組は面白くて、松下村塾みたいなんですね。つまり、出演者の一人ひとりが講師であり生徒である。いろいろな人の話が聴けて3時間の収録時間があっという間なんです。だから僕にとってはモーガンさんが先生なんです。

モーガンさんの発言を聴いていると、この人はアメリカ人の皮をかぶった日本人なのではないかと思うことが多々あります。もっといえばサムライのようです。チャンネル桜でも現代の日本人にはいえないような切れ味鋭い発言がビシバシ出てくる。過激なようでいてちゃんと言葉を選んでいるように見えます。

モーガン　私は日本語の語彙《ごい》が少ないので、そのように見える（笑）。

石田　いえいえ（笑）、トランプもそうですね、誰でもわかる言葉を使う。モーガンさんはシンプルで尖っていてわかりやすい言葉を使うのがうまい。しかもこのマイルドな人柄なのにエッジの利いた言葉を使うから大好きだし、尊敬してます。ほがらかでパワフルです。

モーガン　ほがらかでありながらパワフルというのはまさに日本に対する私の印象です。ある程度までは辛抱する。しかし一定のラインを超えると刀を抜く。お父さんとお母さんが必要なように。

石田　メリハリですね。以前の対談でモーガンさんは日本以外では住めないといってましたよね？　それはどうして？

モーガン　私はもともと人付き合いが苦手な人間で、子供の頃は人の目を見ることができないくらいでした。目を見ると頭が真っ白になって人の話が聞こえなくなってしまうのです。だから手を組んでうつむいて話を聞くしかないのですが、アメリカでは人の目を見ないと怒られる。すぐ答えないと、突っ込んでくる。その距離感が厭《いや》でした。犬とか動物相手なら平気なのですが（笑）。

　でも日本では距離感がとてもゆるやかなんです。自由だと思います。相手を尊重して、違う意見の人間に対してもすぐさま否定するようなことはほとんどない。相手の個性や考え方に対して、いい意味での「諦め」があるような気がします。アメリカ人のように説教をしない。私にはそれがいいんです。

石田　日本は単一民族で単一言語。海外からは〝多様性〟がないと見られる一面があるのだけれど、実は多様性国家です。2024年5月にバイデン大統領は移民を受け入れたがらない日本を「ゼノフォビア（外国人嫌悪）」の国だと非難しましたが、違います。外国人のモラルとかマナーをわきまえて接することができる民族です。相手の国の文化や宗教を尊重する態度があります。

モーガン　私が高校のときに流行っていた音楽、日本人は絶対知らないだろうなというようなマイナーなものも知っていてびっくりしたことがあります。日本人が外国の文化をリスペクトしてるからでしょう。外国文化に対する受容の幅が広い。

石田　特にアメリカの音楽や文学に日本人は影響を受けてますから。僕もアメリカのハードロックやカントリーばかり聴いていました。

モーガン　私はクラシックの曲名、たとえば交響曲のタイトルを知ったのは日本に来てからです。「マニア」という言葉は必ずしもいい意味では受け取られませんが、日本にはマニアと呼ばれる趣味人たちがいて、外国文化を尊敬しています。

◆日本以外には住めない

石田　モーガンさんが日本に来たきっかけは？

モーガン　私はルイジアナ州で生まれ、3年弱でオハイオ州に引っ越し、そのあとテネシー州に引っ越して中学、高校、大学に通いました。先に述べたように、人付き合いの関係から引きこもり、ドストエフスキーなど読書に明け暮れる日々を過ごしていた時期もあったのですが、たまたま私が大学に戻ったとき、5人の日本人留学生に出会いました。そして、高校のときにサッカーをやっていた関係からひとりの日本人と仲良くなったのです。その1年後、彼が日本に帰国するというので、私も行きたくなって1カ月間、岐阜にある彼の自宅でホームステイをさせてもらったのがきっかけでした。

しかし不思議なのは、私は日本の空港に降り立った瞬間から、この国には来たことがあると思ったのです。まさにデジャブ。

私はもともとアートと文学が大好きで、ワールドワイドというほどではないけれど、欧米文学のほかにロシア、中国、そして日本にも関心がありました。葛飾北斎の画は大好きですし、英語ではありますが万葉集を読んでました。

かつて私が他の国を旅行したときは文字どおり「外国」という印象以外を持つことはありませんでした。私の血にも流れているフランスに行っても、日本に近い中国や韓国に行っても。フランスは1週間でお腹いっぱいになり、中国は30分で嫌になりました（笑）。

しかし日本には、懐かしいというか、魂に響くような感覚が生じたのです。

実際、ホームステイ先の友人のお母さんはすべて日本語で私に話しかけてきたにもかかわらず、まるで言葉を思い出すような感覚で何となく何をいいたいのかがわかりました。日本に来る前に半年間しか日本語を勉強していない外国人が得られる感覚ではないと思います。そのような居心地の良さを感じたまま、ひと月のホームステイを終え帰国した私は晴れて引きこもりを脱することができたのです。

その後もテネシー大学と名古屋大学などを行き来し、日本で日本人と結婚して今に至っています。

石田　日本以外には住めないなという体になった（笑）。

モーガン　そうですね。もう住めないです。

石田　日本に住んで政治・経済について情報発信しているのですね。

モーガン　日本が大好きで、私の大好きなこの国を、私の祖国を乗っ取っているワシントンの連中が壊そうとしていることに対し申し訳ないという気持ちから、せめてもの行動をしています。

石田　各国の伝統や文化を破壊しようとするグローバリズムとの戦いですね。

モーガン　もし私がガーナに住んでいるならばガーナの人たちとともにグローバリズムと戦いたいと思っていたでしょう。私の宿命が日本だったので、日本人と一緒に戦いたいという気持ちです。

　この国がどんなにいい国であるか。おそらく多くの日本人は気づいていないと思います。

「街がきれい」「治安がいい」「食べ物が美味しい」とはよくいわれますが、いちばんは人のハートの温かさです。それに私は救われた。

　恩返しはできないかもしれませんが、何もしないのでは惨めすぎる。何かやりたいという想いが常にあります。

◆たった2年間で中東での日本評が下がった理由

石田　僕もモーガンさんと同じことを考えていました。やはり、海外のあちこちを見てまわると、日本という国は素晴らしいな、日本人は素晴らしいなと毎回思うんです。よく、人から「海外移住するんだったらどこに行きますか？」と訊かれるのだけれども、「いや、海外移住する気はないです。日本がいちばんいいですよ」と答えています。

モーガンさんのようにアメリカから日本を見たり、僕のように日本の外の国から見ると日本の良さが手に取るようにわかります。

逆に日本から外に出ないとその良さがあまりわからないのかもしれない。

モーガン　その一方で、ひとつだけ気になっていることですけれども、カズさんの『第三世界の主役「中東」日本人が知らない本当の国際情勢』（ブックダム）で書かれていたことですけれど、2022年からの2年間で中東での日本の評価が著しく低下しているという指摘です。サウジアラビアの経済雑誌によれば、同国におけるアジア各国との経済関係の優先順位が「1位中国、2位韓国、3位インド、そして4位が日本」であると。2年前は日本が1位だったのに。

　おそらく2年間で日本がここまで評価を下げた理由は、経済的側面だけでなく、ウクライナ戦争以降、「ワシントンのポチ」に甘んじている日本への幻滅によるものではないかと思うのですが、いかがでしょうか。日本のこの問題を解決したい、というのが私の念願です。

石田　おっしゃるとおりですね。日本は中東とも善隣外交をとってきていて以前は「アジアの星」と中東諸国からは評価されてきた国です。日本はアジア諸国の模範、いわゆるロールモデルだった。それがアジアを捨ててアメリカとベッタリくっつくようになった。それを残念に思っているのは僕たちだけでなく、アジアや中東の国々の人たちも同じです。

モーガン　欧米帝国主義の搾取と戦ってきた日本が一緒になって搾取する側にまわっている。大東亜戦争で植民地だったアジアを解放した日本が。これは非常によくないことです。

　たとえば陸軍中佐（最終階級）で特務機関である「F機関」を指示した藤原岩市《いわいち》。大東亜共栄の夢を達成すべく、陸軍中野学校出身者と「マレーの虎（ハリマオ）」こと谷豊など少数の精鋭を率いてマレー、スマトラの民族解放工作に奔走しました。さらにインド国民軍を創設して、インド独立運動の雄チャンドラ・ボースを迎えることに成功しています。

F機関は挫折して失敗したと後世から評価されているけれど、そうではありません。藤原がインド独立に大貢献したことを日本人は忘れていますが、インド人は「インド独立の母（「インド独立の父」はガンジー）」としてボースと並び称しているのです。

また戦後ベトナムの独立にも残留日本兵（元陸軍少尉・谷本喜久男）が関与していました。彼はベトナム人民軍中枢を育成し、フランスのベトナム撤退を決定的にした「ディエンビエンフーの戦い」（1954年）にも貢献していたのです。

同じくフランスの植民地にあったラオスでも、1945年3月、日本軍の「明号作戦」の発動によりフランス軍を制圧したことがラオス独立の土台をつくりました。

このようにアジア解放に貢献した日本がワシントンのポチになっては歴史のつじつまが合いません。

◆ワシントンに歴史の〝継続〟を断ち切られた

石田　日本の歴史教育がヤバいんです。今モーガンさんが話された歴史を多くの日本人は知りません。アジアを侵略したのは日本だと真逆のことを習っている。

モーガン　それは日本人が日本人に歴史を伝えるという連鎖がワシントンの介入により断たれているからです。欧米の歴史観はたとえば、ヘーゲルのような一定の法則に則《のっと》った普遍的な流れとして表現されますが、日本の場合は、個々の人物の物語や功績によって語り継がれてきたものでした。それは教科書に載るような国単位の話に限らず、共同体なら共同体の、家には家の小さな歴史というものがあったはずです。

なぜ外国人である私にそれがわかるかというと、アメリカにはそうした小さな歴史がごく身近に、それこそ家族の数ほど無数にあるからです。私は子供の頃から歴史は面白いものだと思っていました。歴史の話をしてくれるのは、祖父だったり祖母ですが、その話の主役は私の一族でありルーツです。ところが日本で歴史というと教科書で習うような年表的な出来事の羅列でしかも自分とは縁もゆかりもない人の話。だから学生に訊いても、歴史に興味を持っていないし、自分の家の歴史も知らない。

つまり歴史が生きていない。しかし、日本のような伝統を持ち特異な文化のある国に生きた歴史のないはずがない。少なくとも80年前の日本では、歴史というのは祖父母や両親から口伝えで教えられていたものが必ずあったはずです。

そのような歴史がワシントンの侵略によって断たれてしまった。だからタイムマシーンではありませんが、80年前の日本人の声を聴く必要があるのです。

石田　戦勝国側の都合で歴史が書き換えられている。本来の歴史を取り戻す、転換点にきているということですね。

モーガン　中東もアフリカも、アジアもラテンアメリカも日本と同じくおしなべて歴史を奪われました。欧米は植民地から資源や土地を収奪しましたが、最後に奪ったのがこの歴史です。歴史を奪うというのはその国の人々の歴史、すなわち心を奪うということです。

石田　資源を奪い心を奪い言葉を奪う。それがグローバリズムで、非常に残酷です。

モーガン　石油など資源を奪うのはそれでもマシです。人の心を奪って殺す。アメリカインディアンがどうなったか見ればわかることです。土地を奪ったのはもちろんのこと、心を潰して殺した、これは許しがたい。それがグローバリズムのいちばん残虐なところなのです。

◆多様性を認めていた帝国、認めないグローバリズム

石田　グローバリズムの何が問題か。わかっていない人に対してどういうふうに伝えればいいと思いますか？　「グローバリズム＝国際化」の何が悪いのかと、両者を混同している人が多いのではないでしょうか。

しかし両者は似て非なるものです。国際化、「国際主義＝インターナショナリズム」というのは、「国の際《きわ》」と書きます。「際」というのは国境だったり、言語だったり、文化であり、国家のあることが前提です。

『日本大百科全書』（小学館）にも「独立した国民国家や民族固有の文化的伝統の存在を前提として、その違いを超えて諸民族・諸国家の協力・共存を図ろうとする思想および行動」とあります。つまり、日本人なら日本という国のあることが前提で世界の人々と仲よくやっていく、ということです。今のはやりの言葉でいえば「多様性」を認めている。

一方、「グローバリズム」というのは、「際」を認めず、日本なら日本という国家を破壊し、すなわちすべての国家を破壊し、ヒト・モノ・カネの移動を自由にし、世界統一のルールを志向する思想です。国家の存在を認めない、多様性の排除という点では、インターナショナリズムとは真逆の思想といっていい。

これを日本人は混同していると思います。反グローバリズムを排他的な思想だと思いこんでいますが、逆です。グローバリズムこそが各国のナショナリズムを排除する排他的な思想なのです。

モーガン　14世紀から20世紀まで存在したオスマン帝国というのは征服した帝国内では非常に国際的でした。いうまでもなくオスマン帝国の宗教はイスラム教であり、イスラム法（シャリーア）によって統治されてましたが、きちんと租税を納めれば、キリスト教やユダヤ教など他の宗教を認め、改宗を求めませんでした。

また、民族にしても、支配層はトルコ人でも、その領内にはアラブ人、エジプト人、ギリシア人、スラヴ人、ユダヤ人などが住む多民族国家でした。

そもそもオスマン帝国には公用語がありません。つまり、被征服国に言語を押し付けることもなかったのです。

アメリカの場合も、古代アメリカ文明はアステカ、マヤ、インカなど非常に多様性がありました。何がいいたいかというと、もともと世界各国では多様性があったのに、19世紀になって欧米の帝国主義やマルクス主義が台頭してくると「国際化」が実質「欧米化」となり、グローバリズムという用語に衣替えしただけだと、私は捉えています。

日本で習う世界史の正体が欧米史にすぎないように、「世界」とか「国際」とか「グローバル」という美称はしょせん彼らの価値観の一方的な押し付けでしかありません。また、日本において「国際化」やグローバリズムを盛んにいう人たちはフランスやアメリカの猿真似をしているだけです。

◆国を支える「文化共同体」

モーガン　本来のインターナショナリズムはカズさんのいうとおり、国の際を認める思想だと思います。

それはわかるのですが、私は国というものを政治的次元ではなく、文化的次元で考えてみたいのです。国の際、国と国との関係は国際法のように国を超える存在が司《つかさど》っています。そうではなくて、国というものの本体は文化によって成り立つ「文化共同体」であり、政治的「国家」よりももっと根強い。文化とは一人ひとりの人間と人間の関係であるとともに、人間と神の関係でもある。いわば水平と垂直の関係を持ち、スピリットがあり、ワイルドなものです。

たとえば、日本文化は縄文時代から続いており、かんたんには死なない。

対して国家というのはそのような「国＝文化」ではなくて、国の敵として「中央政府」という存在があり、政府の権力によって上から無理やり押さえつけられまとめられている感じがするのです。特にアメリカ合衆国はそれが顕著です。「中央政府＝ワシントン」と50州の国家は敵対しているといっていいでしょう。

石田　国家の基底にあるのは文化だというのはよくわかります。グローバリズムはそうした各国固有の文化を顧みることがない。世界を水平という軸でしか見てなくて、歴史・伝統という垂直の軸をまったく無視してはばからない。

モーガン　グローバリズムというのはいわば「悪魔の思想」です。極端に聞こえるかもしれませんが、悪魔というのは人間が嫌いなんです。反人間的思想であり、人間の精神の複雑さとか人情とか、母と子の愛情とかを理解できないしする気もない。できるだけ多くの人を地獄に落としたい、殺したいというのがグローバリズムです。

◆グローバリズムの正体は全体主義

石田　モーガンさんはグローバリズムを「悪魔の思想」と正体を見抜き、嫌悪感を示しますが、日本人にはなかなかそれがわからない。日本人に伝えるには、「グローバリズム＝全体主義」といったほうがいいと思います。全体主義というのは統一のルールで、言論統制を行なって、人々から富を収奪して一部の支配者層がそれを全部牛耳っていくという体制です。いちばんそれに近いのがソ連。大多数の貧困層と一部の支配者層で構成され、もちろん言論統制で言論の自由もない。好き勝手なことを公共の場で話していたら、すぐに秘密警察がやってきて逮捕される監視社会。グローバリズムもまさにこれでしょう。

モーガン　そうです。ソ連というのはロシアやウクライナ、ベラルーシ、ウズベキスタンなど15カ国によって構成されていましたが、それらの国家の上に君臨していたのがコミンテルンという国際共産主義を指導する組織です。つまり、ソ連＝ロシアではなく、ロシアという国家の上にコミンテルンがあった。そして今、ソ連のコミンテルンにあたるのが、ワシントンです。

石田　ソ連と比較するとワシントンとアメリカ国家の関係、グローバリズムの正体がよくわかりますね。ソ連もそうですが、このグローバリズムの構造にも日本人がまったく気づかされていない、というのが問題です。

いまだにアメリカ国家が世界のナンバー1なのだと、世界の中心なのだと思わされている。そうではなく、グローバリズムという全体主義体制のなかにワシントンという支配層が国家と国民を牛耳っている、という構図です。

モーガン　ソ連対アメリカという冷戦構造は人々によく理解されていることだと思いますが、本当はグローバリズムのなかの内戦なのです。

石田　なるほど内輪もめ。

モーガン　内ゲバです（笑）。アメリカはソ連を無神論だと批判し、自分たちはクリスチャンだと対比規定しましたが、ロシア人の多くは無神論者ではなかったし、自分たちをクリスチャンだといっていたアメリカ人はベトナムなどで多くの人たちを殺戮《さつりく》してきました。無神論者vs.クリスチャンというのはパフォーマンスでしかありません。同様にソ連の共産社会を悪、アメリカ民主主義を善とする図式もプロパガンダにすぎない。

本当の善と悪は、政治のような形而下ではなく、形而上学的な構図で捉えたほうがいいです。そもそも共産主義も資本主義も唯物論的な考えです。その上に「クリスチャン」と「無神論」という関係のない対立構図を上乗せするのは一種の欺瞞《ぎまん》です。

◆原爆投下もSNSもメタバースも「人類の実験」

モーガン　そもそも全体主義というのはウォルター・リップマンの『世論』とかエドワード・バーネイズの『プロパガンダ』などアメリカ人が発明したものです。グーグル、アップル、アマゾン、メタ、マイクロソフトなどのビッグテックが牛耳る今のシリコンバレーなどはまさに今の全体主義体制です。イーロン・マスクは違いますが、SNSでも動画でも人々の発言をどんどん制限しています。当時ソ連がよくやっていた以上のことを今はシリコンバレーがやっている。人の心のなかまで監視しようとしている。ソ連はまだマシでした。

石田　聞いた話では、フェイスブックはユーザーが投稿したメッセンジャーの絵文字の回数とか種類とかを全部データで集計し、そこから人々の心理を読み解くビッグデータを販売していて、しかもそれが高値でよく売れるといいます。

誰が買っているかというと機関投資家（顧客から預かった資金を株式や債券等で運用・管理する大口投資家）。たとえば、泣き顔を示す絵文字が、どこの国で、何歳ぐらいの年齢層が、何時のタイミングで、どのくらいの量のトラフィックがあったかを参考に、ある株の銘柄に対して悲観的なのか楽観的なのかを分析する。だからフェイスブックの絵文字のビッグデータが売れるといいます。

モーガン　先日、大学の授業で、広島・長崎へ原爆投下した当時の映像を学生たちに見せたときの話です。2024年10月11日にノーベル平和賞を受賞した「日本被団協（日本原水爆被害者団体協議会）」の代表委員で被爆者として初めて国連にて「ノーモア・ウォー、ノーモア・ヒバクシャ」（1982年）と核兵器廃絶を訴えた故・山口仙二さんの子供の頃、被爆者としてたった1秒ほどでの映像が流れていました。その映像を誰が提供していたかというと、「USSBS（米国戦略爆撃調査団：United

States Strategic Bombing Survey)」、米軍による戦略爆撃（空爆、艦砲射撃）の効果を検証するための陸海軍合同機関でした。

つまり、広島・長崎への原爆投下は科学実験だったということです。そのために、平気で女性や子供といった一般国民に対して新兵器を投下し、その実験結果として記録されていたものに山口さんが映っていた。サイコパスの所業ですが、グーグルやメタがやっていることはこれと同じ、残酷な実験です。

石田　人類に対する実験です。

モーガン　メタバースなどまさに仮想空間という名の人間の実験室です。

石田　だからモーガンさんはＳＮＳも一切やらないんですね。

モーガン　やりません。スマホも方向音痴なのでマップを使うぐらいです。

◆グローバル全体主義の象徴はＥＵ

石田　若い人たちに全体主義の実態を理解しやすく伝えるとしたら、その象徴となっているＥＵ（欧州連合）の話をするのがいいのではないかと思います。ＥＵ加盟国というのは民主国家で、国民が選挙により政治家を選び、首脳を選んでいます。ところがその民主国家であるドイツやフランスなどＥＵ諸国の上に、ＥＵの機関があります。「ＥＵ議会」と「閣僚理事会」による両院制の立法府、ＥＵの政府である「欧州委員会」、そしてその上に「欧州理事会（ＥＵ首脳会議）」があり、そのトップが「欧州理事会議長（「ＥＵ大統領」と呼ばれることもある）」という複雑でまぎらわしい組織なのですが、このうち選挙を経ているのはＥＵ議会のみです。つまり、立法権や行政を担う権利を持ち、トップを決める上位の機関は各国の民意を無視してＥＵ内で勝手に決めている。現在の欧州委員会委員長であるフォン・デア・ライエンも国民の選挙で選ばれたわけではありません。これは非常におかしなことだと思います。

加えて統一通貨であるユーロを使用していることにも問題があります。通貨が統一されているということは通貨安や通貨高といった為替の影響がなくなるため、資本の移動が活発になるメリットがある。半面ＥＵ各国は独自に金融政策をとることができなくなり、ＥＣＢ（欧州中央銀行）の金融政策に従わなければならない。しかし、これは無理があります。実際は国ごとに経済状況が違うからです。

物価がデフレの状況にある国とインフレにある国では前者なら金融政策は通貨量を

増やす量的緩和を行ない、後者は反対に通貨量を減らす金融引き締めを行なう。このような事態にECBは対応できず、各国がECBの決めた金利を押し付けられるのです。その問題が顕在化したのが国家破産になる寸前だった「ギリシャ危機」です。

また、「シェンゲン協定」で国境をなくし、移民・難民をどんどん受け入れている。その結果、EU諸国の国民は幸せになったのか、という話です。

◆民主主義を装った独裁体制

モーガン　民主主義というのは乗っ取りやすい政治体制です。ワシントンもそうですしEUもそうですし、そして日本も民主主義といわれながら、日本政府の上に「日米合同委員会」がある。日本のキャリア官僚と在日米軍の高級軍人からなるこの組織は、名前はよく知られている半面、詳細は不明とされてきましたが、GHQの占領体制を引き継いだようなものです。
たとえば「日米地位協定」では、実質米軍は日本国内のどこに基地をつくってもいいように定められています。また、「横田空域」という、首都圏を中心に1都9県の上空をすっぽりとおおう広大な空域は、米軍が独占して使用し、日本の飛行機は飛べない。これでは属国です。
言語学者のノーム・チョムスキーがずっと「特別階級」がメディアを使い、大衆を誘導して民主主義の合意をでっちあげるといってますが、正しい。

石田　日本は民主主義ではありませんね。民主主義を装っているけれど実際はワシントンの独裁国家です。

東京都都市整備局HP「横田空域の返還」掲載図を参考に作成

モーガン　独裁者スターリンの笑顔のポスターが街中に貼り付けられているような露骨さはありませんが。

石田　でも逆にスターリンみたいなあからさまな独裁なら国民がすぐ気づくじゃないですか。うちの国はヤバいと。危機感があれば対抗策も考えますが、わかりにくいぬるま湯のような独裁は国民を茹《ゆ》でガエルにする。気づけば賃金がどんどん下がって税金は上がり、集めた金はウクライナやイスラエルを支援するのに使われる。いっそのこと、国民が一気に貧しくなったらみんな気づくのだけれどもそうはしない。それがワシントンの狡猾《こうかつ》さです。

ノーム・チョムスキー。写真：Abaca USA/ アフロ

モーガン　本当に上手ですよ。たとえば中国はわかりやすい。侵攻したら寺社に火を放つようなことをします。ところがアメリカは靖国神社を残す。残したうえで、精神を骨抜きにする。それがワシントンの手口です。

私たちは文化を大切にしている、民主主義を与える、といっておきながら生き血を啜《すす》るヴァンパイアのような存在。体は残っていても魂は奪われているのです。

石田　戦後日本の教育システムがGHQの占領政策「ウォー・ギルト・インフォメーション・プログラム」により、皇室と日本国民の紐帯《ちゅうたい》、神話と歴史の断絶、日本から見た大東亜戦争観の禁止など、自虐史観が植え付けられたことは周知の事実ですが、今に至る日本人のディベートへの苦手意識もその影響だといいます。読み書き算盤《そろばん》に優れ、暗記も得意なのに、外国人相手にディベートができる人が本当に少ない。

しかし実際、明治・大正の歴史を見ても日本人がディベート嫌いということはありません。キリスト教の宣教師が日本に布教しにきたときも、彼らの最大の障壁は仏僧、特に禅宗の僧侶たちで、論争しても矛盾を突かれ「論破」されることが多かったようです。

今の日本人はインプットは得意でもアウトプットが苦手なんですね。

モーガン　確かにGHQの影響もあるかもしれませんが、先に述べたように、相手を必要以上に追い詰めないという日本人本来の特質もあるのではないでしょうか。チャンネル桜でディベートをしているとき、私は相手に対してトドメを刺す一言を考えてしまいます。そして実際発言すると、チャンネル桜のコメント欄に「モーガンやりすぎ」というコメントが並ぶ（笑）。そこまで人を斬らなくても、わかる、みなまでいう必要はないという感覚が日本人は強い。これは私にとって大きな教訓でした。一方、イギリス人やアメリカ人は相手にトドメを刺すタイミングを常に見計らっているような人たちです。ですから、日本人のような相手の心をおもんぱかりながらディベートしても、相手は生易しくはありません。

石田　日本人は空気を読む。だからその場の空気を読むことを相手に求めてしまう傾向はあるでしょうね。

モーガン　アメリカ人は空気を読んだら毒ガスをばら撒く。そういう彼我の差異がありますね。

◆イギリスとアメリカどっちが残酷か

石田　さらにアメリカの場合は多民族国家でしょう。いろんな国から移民が来ているから、やっぱり自分の意見をはっきりと一言一句きちんと主張しないとなかなか伝わらないという環境もありますよね。

モーガン　アメリカ社会の現実は、白人ではない他民族に対しどれだけ圧力をかけるか、どうやればその民族を殺せるのか、ディベートレベルではなくてリンチレベルで考える。そういう非常に残酷な面があります。それがアメリカの本質ですよ。

アングロサクソンがアメリカ大陸をコントロールするために大勢の人を殺す必要があるという常識が、いまだに連中のなかにあるのだと思います。

石田　そういう話を聞くと、そうした残酷さはヨーロッパからアメリカに輸出されたのか。それともアメリカからヨーロッパに伝わったのか。どっちが先か考えてしまうのですが、どうなんでしょう。

モーガン　ヨーロッパ人も残酷なのですが、アメリカ人の残酷さはまた性質が違います。

石田　ヨーロッパ大陸は絶えず戦争をしてますよね。

モーガン　ヨーロッパの残酷さは、領土拡大意欲の乏しかったカルタゴが前3〜2世紀のポエニ戦争によってローマ帝国に絶滅させられた時代から、常識でした。ただヨーロッパの戦争は列強ぞろいで相手も強くて勝ったり負けたりしています。しかしアメリカの場合は、ネイティブアメリカンの虐殺など一方的でやり放題です。ヨーロッパの残酷さがアメリカではやり放題になる、という違いです。

石田　ネイティブアメリカンの人々は近代的な武器もなかったし、素朴な共同体生活を営んでいた人々でした。だからヨーロッパから渡ってきたピューリタンたちになすすべなく敗れてしまった。つい300年くらい前の歴史ですよ。

モーガン　その前の、15～16世紀のスペイン・ポルトガルの植民地経営は、原住民を虐殺して領土と資源を略奪しました。しかしイギリスのやり方は半端でなく、もっと狡猾で残忍です。植民地からの収奪というよりはひたすらリンチをしている。

スペインの場合、なかには自分たちはイザベラ女王の家臣であるから現地人に手を出してはいけないというような自戒もありました。もちろん虐殺は半端ではなかったのも事実ですが、少なくとも現地人は人間ではないという考え方はありませんでした。スペイン人と現地人には交流があり、実際、混血児が大勢いました。

一方、イギリスは、その帝国の始まりからして海賊活動です。また、他国を支配するさい、外国の財産を略奪することがイギリスの常套手段です。現地人との結婚などはあっても非常にあくまでトップからコントロールを図ります。現地人との結婚などはあっても非常に珍しい。虐殺、レイプなどを散々やるのは、イギリスです。

石田　僕もインドとか中東の歴史を学べば学ぶほど、イギリスの残酷さが際立っていることがわかってきます。たとえば超ロングランのインド映画「RRR」。インド映画といえば、みんなで踊りながらハッピーエンドの大団円を迎えるものが多く、「R

RR」もそうなのですが、東インド会社時代のイギリスの支配下におかれたインドを舞台にしており、強制労働など目を覆いたくなるような残酷なシーンが多い。
でっかい鉛に針金がたくさんつけられた鞭《むち》のようなもので、インド人の労働者が叩かれ肩の肉がとれて血が噴き出すようなシーンがあるんですよ。労働者を無理やり働かせて、働きながら死んでいく。それが日常なのです。

モーガン　インド人が体験したこととアメリカインディアンが体験したことは同じことだと思います。

◆日本人の心にある茶室の宇宙

モーガン　カズさんの海外での活動を見ていると、人と人との関係をすごく大切にされていることがわかります。外交など国家対国家の関係もありますが、結局、この人と人との関係こそが重要です。
私にそのことを教えてくれたのは前述のホームステイしていた岐阜のファミリーです。私のような地球儀の反対側から急に現れた、わけのわからない宣教師の顔をしている人間を受け入れてくれました。ろくに日本語も話せないし文化的な失敗を何回も繰り返す私を本当に息子扱いしていただきました。

それは口だけじゃなくて、お小遣いまでくれたのです。遠慮したら、「本当に息子なんだから逆に失礼よ」といわれて。私は涙が出ましたよ。

日本人にはそのようなおもてなしの文化があります。

お茶の儀式がそうです。あなたは人間、私も人間。あとは道具、物も大切にします。デカルト的な人間が中心で人間と物とが切り離されている存在論とは違います。

私にとって茶室というのがこの宇宙のなかではいちばん理想的な場所です。そしてカズさんは心にその茶室を持っている人だと感じました。

千利休の存在論はすごいと思います。そして、熱い日本人はみな心のなかの茶室を携帯している。

カズさんも茶室を持っているからどこの国に行っても誰とでも会って話ができる。それが日本人じゃないかと、私は思います。

石田　確かに日本人はそういうアイデンティティがありますね。たとえば明治時代に起こったトルコの軍艦エルトゥールル号が日本近海で座礁した「エルトゥールル号事件」（1890年）にもそれが表れています。

オスマン帝国の当時の皇帝は明治天皇のことをものすごく尊敬していて、自分の執務室の机の上に明治天皇の写真を飾っていたぐらいでした。当然、日本という国のことも尊敬していました。目の上のたんこぶであるイギリスを牽制《けんせい》するためにも、とにかく日本との国交を樹立したいということで、トルコの官僚とか軍人を乗せたエルトゥールル号が日本までやってきて、明治天皇に親書を渡して、日本とトルコの国交が始まります。

その帰りに紀伊半島の串本沖でエルトゥールル号が大型の台風に見舞われました。当時の軍艦は石炭を燃やして動かす蒸気船だったため、岩に座礁すると大爆発して、656名いたトルコ人の乗組員全員が真夜中の海に放り出された。

沖で軍艦が大爆発を起こし燃えているのを見たり、何人かの人間が浜に流れてきているので、村の人間みんなで救助活動を始めたのです。

村の人たちは貧しく、1日漁にでないと文字どおり明日の飯が食えない状況で、どこの国の人間であるかもわからず、言葉も全然通じない相手をともかく助けろとばかり、手当てをし続けた。30日間も漁に出ないで介抱したのです。

この結果、656名のうち、69名、約1割の人間が救出され、明治天皇が用意した軍艦でイスタンブールまで送り届けて生還することができました。

そのことがトルコの教科書にいまだに載っているんですね。だから、トルコの学校では歴史の授業で日本人に恩返しをしなきゃいけないと教えています。

このようにわれわれのご先祖様は、たとえ自分たちが貧しくて、どこの国かわからない相手でも親身になって人助けをしてきた人たちなのです。

この優しさこそが本来の日本人の奥底に眠っている原点でありアイデンティティだと思います。

◆ガザで行なわれている殺人は「ただのヘイト」

モーガン　対照的なのは「ノルマントン号事件」です。1886年10月、横浜港から神戸港へ向かっていた英船ノルマントン号が和歌山県大島沖で暴風に流され、潮岬の暗礁に座礁し、沈没した事件ですが、乗組員39人のうち水夫12人と日本人乗客25人が溺死《できし》。一方、イギリス人の船長と乗組員26人ははしけ（救命ボート）に乗り移って無事生還しました。人種差別による見殺しだったのではないかと日本国内が紛糾、裁判を行なうも、25人を死亡させたことに対しわずか禁固刑3カ月という判決でした。治外法権の撤廃という、不平等条約改正に日本は執念を燃やすようになり、実際撤廃に成功するわけですが、このようにイギリス人は日本人を人間扱いしていませんでした。

同じような話は小説にもなっていて、ジョセフ・コンラッドだったと思いますが、アジアで客船を運航している白人が、夜中に座礁して船が転覆する最中に、数百人いるアジア人の救出を考えもせず逃げ出そうとするシーンがでてきます。アジア人は「あいつら」であり同じ人間ではない。日本人とは真逆の人間観です。

石田　ユダヤ教の選民思想がありますね。ユダヤ人は神によって選ばれた民であり人種であって、他民族は人間じゃない、動物だという思想は、アメリカやイギリスにも浸透しているのではないですか？

モーガン　前述のシアム・パレスチナ大使が今ガザで行なわれていることに関して非常にショッキングなことをおっしゃってました。私は大使に次のような疑問を質問しました。なぜ難民キャンプのような女性や子供たちが集まっている場所をあえてターゲットにして空爆するのか、それは人種差別によるものかと。

すると大使は「いや、ただのヘイトなんですよ」と答えました。人種差別どころか、人間扱いしていない。選民思想により、異教徒は人間ですらないから、いくら虐殺してもかまわない。そういう発想がイスラエルやワシントンにはある。「人種問題」や「人種差別」はまだごまかしがあって、単なるヘイトにすぎない。

シオニストが今パレスチナの人たちにやっていることと、ピューリタンが３００年前にインディアンにやっていることは相似形です。

ユダヤ教徒やキリスト教とイスラム教の対立といった宗教戦争などではなく、ヘイトにすぎない。

私はその言葉を聞いて、何か雷が落ちたように感じました。

石田　そのヘイトにすぎないものをさも自分たちが正しいかのように正当化するいい訳をつくるのが彼らはうまいでしょう。

たとえばシオニストに限っていえば、ガザの難民キャンプや病院、学校を攻撃するのは、そこにハマスの拠点があるからだと彼らは主張します。本当にハマスの拠点があるかないかはわからないけれど、あったとしても、日本人なら攻撃はできません。女性や子供がいることがわかっているから。

少なくともイランはイスラエルに対してシオニストと同じような攻撃はやっていません。イランのイスラエルへの報復は、南部の砂漠などすべて都市部を避けています。つまり、軍事拠点のあるところだけを狙っている。

モーガン　日本の真珠湾攻撃もそうでした。

石田　シオニストはレバノンでもヒズボラの拠点があると首都のベイルートなどもがんがん空爆し、２０２４年の10月時点で３０００人超の民間人が死んでいる。日本人だったら、というよりふつうだったらあんなことできるはずがありません。

◆洗脳するための〝マーケティング〟がうまい

モーガン　私はハマスの攻撃を正当化する気は一切ありませんが、大局的に見れば、そもそも難民キャンプ場に女性や子供が入らなければならない状況をつくったのがイスラエルとワシントンじゃないですか。

これは嫌な話に聞こえるかもしれませんが、私はワシントンに対して抵抗したインディアンたちをリスペクトしています。21世紀に入っても、ワシントンに対して抵抗したアメリカインディアンはかなりいました。私はただ受け身だけでやられっぱなしではいけない。戦う人は必要だと考えます。極論に聞こえるかもしれませんが、捕虜収容所じたいあってはならないと思います。

インディアンにせよ、パレスチナ人にせよ、イスラエル人にせよ、すべからく人間である以上は、収容所によって、人間を檻のなかに住む動物にしては絶対にいけないと考えます。しかしこのような非人間的な行為や政策を、人道的と称して正当化するのがグローバリズムの常套《じょうとう》手段です。そして何時の間にか私たちもそのことが当然であるかのように洗脳されている。

石田　そう。だからマーケティング上手なんですよ。金を持っているでしょう。金を持っているユダヤ金融資本がアメリカS&P（スタンダード・アンド・プアーズ）の大企業を押さえて、メディアを駆使して自分たちのいうことをきくようにマーケティング活動をさせている。たとえばそれがSDGs（持続可能な開発目標〔Sustainable Development Goals〕）だったりするわけです。

いかにも世の中のために、人のためになるのだと上手に誘導している。それに、まんまと騙《だま》されて、日本人も虹色のドーナツ型のピンバッジをつけている人が特に大企業には多い。しかも商売上手で、あのピンバッジは1個1200円もする。国連本部のオンラインショップでしか買えない。

あんなドーナツバッジを日本の企業はたくさん買って従業員に配っているのです。これはドイツ人にいわれたことですが、みんなでバッジをつけて日本人は新たな宗教にはまっているのかと。

モーガン　いかにもワシントンらしいやり方です。

石田　そのバッジが何個売れたか知りませんが、その一方で、地球温暖化防止のために「COP（気候変動に関する国際連合枠組条約）」やダボス会議を開いてますが、参加者たちはプライベートジェットに乗ってやってくる。プライベートジェットに乗って地球環境を良くしようというのも矛盾です。しかしそうとは気づかず、メディアの宣伝に乗せられて、われわれはすっかり騙されているのです。

モーガン　やはり民主主義もSDGsのような「美徳ロンダリング」の仕組みになっています。上位数%の人間が支配する仕組みです。シオニズムもそうですし、ワシントンもそうでしょう。

私がなぜイスラエルを支持していたかというと、ナチスからホロコーストを受けたユダヤ人たちは、自分の国がなければ、また同じような目にあうから、それを繰り返さないためにも自分たちの国家が必要だということはよく理解できたからです。そのことじたいは今でもそう思っています。

だから、たとえばアメリカのカリフォルニアやネバダ州あたりにユダヤ人の国家をつくればいいと考えていました。ただ、カズさんのマーケティングという話を聞いて、ネバダ州ではダメなのだということに気づきました。

要するにストーリーが必要なのです。「聖書に書かれている私たちの故郷であるカナンの地にかえる」という宗教的ストーリーが。

石田　シオンの丘がエルサレムで、カナンの地がユーフラテス川からナイル川にかけて広がっている土地のことで、その「カナンの地に還る」というのが旧約聖書に書かれていることを根拠にしてシオニズムというのは成り立っている。だからネバダ州とかカリフォルニア州ではそのストーリーが成立しないんですね。

モーガン　その点、イギリス人のすごいところは、どこへ行っても彼らは自分たちの土地をつくってしまうということです。たとえばアメリカの州や地方を見ればよくわかります。ニューイングランドとかニューヨーク、ニュージャージーなどどこへ行っても「ニュー＝新しい」自分たちの国をつくれてしまう。ユダヤ人のように場所を区切らないのがすごい。

私がシオニズムをおかしいと思うのは、ユダヤ人国家をつくりたいというところまではわかりますが、その後です。カナンの地にこだわって、結果的に戦争が起きて大勢のイスラエル人が死んでいる。これは詐欺ではないのか。もし本当にイスラエル人の命を守るのであれば、別の平和な土地を選んだほうが多くの人々が幸せになると思うのだけれどいかがですか？

石田　それはそうですよ。だから、ほとんどのイスラエル人、有権者の75％といわれていますが、その人たちみんな戦争反対です。パレスチナ人とも仲良くやりたい。ベンヤミン・ネタニヤフ政権に対して、政権内部の人間の写真のプラカードを掲げて、退陣要求デモをがんばって毎日行なっています。そういう人たちは「人間」です。

そうではなく上位数人の、一部の悪魔がネタニヤフ政権に入り込んでいて、肝を握っているから、戦争を止めることができない。

モーガン　アメリカも同じです。アフガニスタンに行き、イラクに行き戦争を起こす。私のような貧しいところから来た人々が、縁もゆかりもない砂漠で死んでいく。それがアメリカのためだと。そうではなく、ジョージ・ブッシュのためでした。

まさに詐欺です。

ＳＤＧｓでも「北極熊の絶滅を守る」などといってますが、ドーナツバッジをつけている連中はプライベートジェットに乗って北極熊の上を平気で通過してゆく。上位数人がマーケティングを利用すれば思いどおりに動かせる。これがグローバリズムです。

石田　洗脳です。でも今すごいチャンスなのは、やはり僕とかモーガンさんみたいな、言論で真実を発信する方が増えてきたということ。さらに心強いのは、そういう人たちがすごく横につながっているということです。

今回僕たちは共著で1冊の本を出すわけですが、僕たち以外にもそういう人たちが増えてきています。

◆味方のはずがアメリカの敵にされる日

モーガン　人間精神は死なない。文化は死なないということだと思います。人間は人間で嫌なところ、サイコパスもいますが、大半の人たちはそうではない。
どこの国でもいい人がいっぱいいるじゃないですか。

石田　マスコミによると、そういう人たちが「極右」なんです。

モーガン　ファシストでありヒトラーの再来であり、避けたほうがいいとされる人々です。

石田　家族を愛して友達を愛して、国を愛すると、ただそれだけなんですけれども。

モーガン　ソ連時代、スターリンについて公の場でバカじゃないかといった知識人がウラジーミル・ブコフスキーです。彼は逮捕されるんじゃなくて、精神疾患とされて病院に送られました。

今のワシントンもそうです。もしグローバリズムに反対すれば、ファシストとかナチス党とか、レイシストとレッテルを貼られ、犯罪者というよりも精神疾患とされる。本当のことをいう人は病人にされてしまう。

石田　つい最近、アメリカのカリフォルニアで、ある女性が黒人のグループに後をつけられて、ストーカーに遭っているから、怖いと警察に訴えたら、それは「人種差別だよ」と言われた。異常な世界です。

彼女は民主党員だったのですが、それをやめました。

モーガン　ＬＧＢＴでも同じような事件が起きています。自分の娘を守るためにトランスジェンダーの人に女性トイレに入らないでくださいといったら、逆にあなたがおかしいと注意される。ＦＢＩがテロリストのリストを作成しているのですが、そのようにＬＧＢＴ運動に反対している親たちの名前も載せられています。

ＣＩＡのやり方は、まず外国で、非白人に対してＬＧＢＴなどの社会実験を行なう。そして最終的に今度はそれをアメリカに輸入する。気づけば私たちもテロリスト、「タリバン」にされているのです。

９・11のときに、私たちはタリバンをけしからんと思っていました。しかし今度は、ＬＧＢＴに反対するような人々を彼らは「タリバン」に仕立て上げる。

80年前に歴史をさかのぼれば、アメリカにとっての敵は日本人でした。その後、ベトナム人が敵になり、アフガニスタン人、イラク人、イラン人というようにどんどん新たな敵をつくり続け、とうとうアメリカ国内の人間が敵にされるようなところまで来てしまった。それが今のアメリカです。

そのことに早く気づいてほしいです。

THE AGE OF REVENGE

第2章

身近にいるディープステート

◆国民に人気があるアゼルバイジャンの大統領

石田　先日アゼルバイジャンに行ってきたのですが、モーガンさんに伝えたいのは、アゼルバイジャンのイルハム・アリエフ大統領が国民に大人気だということです。支持率も高くて、いかにも国民のために働いている大統領。実際、国はどんどん良くなっているし、国民も豊かさを実感している。一方、日本はどうですか。岸田文雄前首相にしても石破茂首相にしても自民党政権に対し不信感しかありません。

モーガン　ワシントンが「独裁者」だと否定する指導者はたいてい国民の人気が高く、改革へのリーダーシップがあります。キューバのカストロしかり、リビアのカダフィしかり、イラクのサダム・フセインしかり。

たとえばアメリカののど元に位置しながらキューバ革命をなしとげたカストロは、ワシントンからの大規模な経済制裁および度重なる嫌がらせを受けながらも怯《ひる》むことがありませんでした。

革命の手始めとして「農業改革法」を制定、農業協同組合を発足させた際、アメリカ企業の所有する農地を接収したことでアメリカが反発し、以来、当時のアイゼンハ

2024年11月13日、アゼルバイジャンで開催されたCOP29で登壇するイルハム・アリエフ大統領。写真：AP/アフロ

ワー政権は矢継ぎ早にキューバ制裁を行ないます。キューバからの砂糖の輸入を制限し、キューバ向けの石油の精製を拒否したのです。

また、1960年9月、国連総会に出席するためにニューヨークに渡ったカストロは嫌がらせを受けます。高級ホテルで法外な費用を請求され、しかたなくカストロはハーレムの安宿に移ります。そして国連での演説が終わると、今度はアメリカがキューバの航空機を差し押さえたため、帰国できなくなります。カストロはソ連から提供されたイリューシン18でようやく帰ることができました。

翌61年4月には、キューバの革命を阻止

しようとＣＩＡに支援された亡命キューバ人による「ピッグス湾事件」を起こされます。１５００名もの兵員が上陸した３日間にわたる戦闘は、１６１名の死者を出しながらもキューバ側が勝利、社会主義への道を決定的なものにしたのです。

キューバは、小国でありながらアメリカと対等の関係を築いてきており、２０１４年には54年ぶりに国交を回復しております。キューバは決して裕福な国ではありませんが、カストロが重視したのは、公平な医療と教育でした。

あれだけ工作を受けて、あんなに嫌がらせを受けても革命を起こして、ヤンキーを追い出した。カストロのような指導者でなければできなかったことです。

日本からすれば嫌な動きですが、対ウクライナにおいて北朝鮮がロシアと共闘しています。最大10万人もの派兵といわれる大規模なものです。しかし北朝鮮のこうした自主的な動きは、以前からありました。

たとえばアフリカの独立運動にも、特殊部隊を派遣しています。コンゴとジンバブエはともに、国内の治安を維持するため北朝鮮から軍隊と特殊部隊の訓練を受けている。ジンバブエは独立運動だけでなく国家建設へ大規模な支援を北朝鮮からもらい、後にジンバブエ大統領となるロバート・ガブリエル・ムガベはゲリラ活動中から北朝鮮の支援を受けていました。

ナイジェリアやエチオピア、ソマリアなどのような国々は、スカッドミサイルなど多くの武器取引の契約が交わされています。ナイジェリア軍は北朝鮮陸軍の援助によって設立され、武器の開発にも北朝鮮の資本が投入されている。ナミビアのウラン産業は北朝鮮の協力により発展しました。

第四次中東戦争ではエジプトに派兵された北朝鮮空軍が投入され、ウガンダと赤道ギニアも北朝鮮の軍事訓練の協力を受けたそうです。アフリカの多くの国々には、北朝鮮によって建てられた銅像があるほどです。

アフリカだけではありません、中東にも派兵していて親密な関係を築いているのです。

本来、日本がやるべきことを北朝鮮がやっているのです。金王朝の独裁体制などいいとは思いませんが、植民地だった国の独立戦争に協力する姿勢は評価するべきです。

石田　自民党政権の背後にいるディープステート（DS）についてこの辺はモーガンさんもかなり深く研究されていますから、「身近にいるDS」について具体的なところまで話を突っ込んでいきたい。

◆日本の自衛隊は「ピースソルジャー」

石田　やはり日本人で良かったなと思うことが、海外に行けば行くほどわかります。日本人がリスペクトされていて、友達になりたい、一緒に仕事をしたいといってくれる人たちに僕はいっぱい出会ってきたんですよ。

たとえば、日本人にとってはテロリストだらけで恐いといった印象の悪いイラクでさえ日本のことを評価しています。

一例を挙げると、イラク戦争当時のジャラル・タラバニ大統領という初のクルド人出身の大統領は、イラクに駐屯する欧米の軍隊と自衛隊をはっきりと区別していたといいます。機関銃を構えて「治安維持」を名目に毎日イラク人を殺す欧米の軍隊は「ファイトソルジャー」と呼ぶ一方、水と食料と医療とライフラインを支えていた日本の自衛隊は「ピースソルジャー（平和の戦士）」と呼んでいた。いわゆるグローバリズム勢力の軍隊と、自衛隊との違いをしっかり評価してくれていたのです。

だから今の日本がまさかグローバリストの国だなんて彼らは思っていない。日本人はピースフルだ、と。欧米の軍隊とは違いイラク人の命を守ってきたと、大統領秘書

ジャラル・タラバニ。写真：AP/アフロ

がそう話してくれました。大統領秘書だけじゃなく、イラク人みんなそう思っていますよ。

モーガン　カズさんと出会って、初めてイラクという国は怖くはないという話を聞きました。恥ずかしいことですが、アメリカで教育を受けてきた私はイラクを恐れていました。しかしそこに住んでいる方々の目から見ればそうじゃない。外国の軍隊が入ったことにより混乱を招いた側面が多大にあるのに、すべてイラク人が悪いということで片づけていたのです。それが間違いだったことに気づかせてくれて、カズさんには感謝しています。

やはり実際にその国に足を運んで、現

地をこの目で確かめて、人々の声を直接届ける人は貴重ですね。

◆罠にかけ手のひらを返すのがネオコンの〝お家芸〟

石田　中東はまさにモーガンさんのおっしゃるとおり、やはり外部の力によって戦争が引き起こされているわけです。

でも、僕らがテレビのニュースとか新聞で読む報道は、イラクというのは「悪の枢軸」であり、テロ国家でまとまりのない国だから、アルカイダやＩＳ（イスラム国）など次から次へと雨後の筍《たけのこ》のようにテロリストが出てくる。プラスイメージは産油国ということくらいでしょう。しかしそのアルカイダやＩＳを育てたのはアメリカのＣＩＡです。そしてでっち上げた「大量破壊兵器」の存在を理由にイラク戦争を仕掛けたのもアメリカのネオコンです。

ネオコンのブッシュ政権と石油会社が共同して企てた戦争であり、イラクの石油を盗むのが目的だったことが後で判明した。

モーガン　サダム・フセインが石油の決済通貨をドルからユーロに替えようとしたこ

ともイラク戦争の大きな原因のひとつであるといわれています。

石田　だけど当時の国際社会は大量破壊兵器の存在を信じてイラクへの侵略を、少なくとも表向きは認めた。

まったくのウソっぱちだったのに。

モーガン　ブッシュパパ（ジョージ・H・W・ブッシュ）の時代にさかのぼると、サダム・フセインに湾岸戦争（1991年）をけしかけるようにしたのもアメリカです。最近、ヤニス・バルファキスというギリシャ人の政治家で経済学者、おそらくマルクス主義者のYouTubeを観ているのですが、ちょうど彼が湾岸戦争について話をしていました。

1980年から88年まで続いたイラン・イラク戦争のあと、甚大に疲弊したイラクを立て直そうとしたサダム・フセインは、イラク大使を通じワシントンと協議して、クウェートの油田を奪う許可を得た。イラクがクウェートに攻め込んでもアメリカは関与しないと。ところが、いざクウェートに侵攻すると、ワシントンは手のひらを返し、イラクは侵略者であり、サダム・フセインは独裁者だと一斉に非難した、というのです。

ことほど左様にアメリカは信頼してはいけない国なのです。

イラン・イラク戦争ではイランを潰すためにアメリカはイラクを利用し支援しました。そのイランにしても当初は親米的だったのが、やはり石油利権を奪うためにその傀儡《かいらい》としてパーレビ国王政権を再建させ失敗したことから反米国家になったのです。

つまり、イラン・イラク戦争以来、数百万人の命を奪った中東の混乱の元凶はアメリカにあった。

石田 アメリカはそうやっていつも罠を仕掛けるんですね。

モーガン 罠を仕掛けるのがワシントンの〝お家芸〟です。朝鮮戦争も同じような手口で、北朝鮮が韓国を侵攻するよう仕向けています。

それと敵を追い詰め最初の一撃を加えさせてから「復讐戦」を行なうのも常套手段です。日本の真珠湾攻撃への「リメンバー・パールハーバー」がそう。ウクライナに軍事作戦を行なったロシアにしても、アメリカが挑発しそれ以上の後退ができないところまで追い込んできたからプーチンは反撃せざるをえませんでした。

そして、いざ戦争が始まってから敵国のトップをヒトラーやスターリンといった絶対悪の独裁者に仕立てあげるプロパガンダもいつものパターンです。聖書になぞらえ正義は自分たちの側にあり、敵のトップは必ず悪魔でなければならない。

石田　実際、サダム・フセインは非道な独裁者として完全につるし上げられました。そしてイラクという国家も、「悪の枢軸国」としてイラン、北朝鮮と並べられた。

◆次々と「ヒトラー」をつくり出すワシントン

モーガン　実際、「独裁者」だったかもしれませんが、それはやむをえないことでした。第一次大戦後に、イギリスがロシアとフランスとでオスマントルコを分割した「サイクス・ピコ協定」（１９１６年）により、中東は多民族が挟み合うサンドイッチのような国にならざるをえませんでした。

具体的にいうと、イギリスはシリア南部とイラクの大半を含む南メソポタミア、フランスはシリアやレバノン地方とアナトリア南部にイラクの一部を、ロシアは黒海東南地域、そしてパレスチナを含むエルサレム周辺地域は「国際管理地域」にしたのです。この国境がいかにも人為的であるのは、世界地図を見ると、シリアやレバノン、イラクの国境が直線になっていることからも明らかです。

このように人為的で下手な国境を引いたために、国内が混乱し、指導者は強権を発動してまとめるしかない。その国に住んでいる人たちにとって治安が悪いのは困る。もちろんだからといって全面的に独裁者を擁護するつもりはありませんが、なんというか、アメリカ人はよく過去を忘れる人たちだなと思います。

なぜ独裁者がいるのか。逆のいい方もできると思います。アメリカ、つまりワシントンがいるうちは、世界中から「ヒトラー」はいなくならない。

石田　アメリカ流の民主主義というものが馴染む国と馴染まない国があるんですよね。イラクはその典型で、モーガンさんがおっしゃるとおり多民族でかつ多宗教、スンニ派とシーア派が混在するという、ある意味中東の民族と宗教を全部かき集めたような国です。

サダム・フセインはスンニ派ですが、イラクにおいては少数派のグループで多数派のシーア派を上から力で押さえつけて成り立っていました。加えて、4600万人いたとされる国家を持たない世界最大の民族であるクルド人もいる。その宗教であるヤジディ教徒やユダヤ教徒もいるため、少数派のスンニ派が抑圧的になるのは致し方ないことです。

もともと地理的にも、チグリス・ユーフラテス川のメソポタミア文明のあたりは平地じゃないですか。だから国境など関係なく、どこからでも人が入れる場所なんです。そういう一帯をきっちりとボーダーガードをしていたのがサダムで、その体制下ではテロリストが簡単に入れるような国ではありませんでした。

それをアメリカが民主主義を大義名分に導入したため、サダム・フセイン亡きあとのスンニ派グループがそれまで抑圧されていたシーア派により弾圧を受けるようになり、散らばりながら捨てられた米軍の武器を拾ったり、購入して武装化したのが「イスラミック・ステート（ＩＳ）」です。

モーガン　要するにスンニ派とシーア派が対立していたところに、米軍である「サイコパス派」が参入したために大混乱になった。ふつうに考えればしないようなことをする、良心のない連中、まさにサイコパスです。

石田　以来、イラクでは無数の分裂が起きています。それに比べればサダム・フセインの時代のほうがよかったと、弾圧を受けていた側のクルド人がいっている始末です。

僕は何人ものクルド人に直接お会いしていろいろ話しましたが、みなサダムのほうがよかったと口をそろえている。なぜなら、アメリカによってつくられたテロリストたちがあちこちでテロを起こし、家族や友達が何人も死んでいる状況より、ちゃんということさえ聞いていれば平和に暮らせたほうが全然よかった、と。

モーガン　それは私もそう思いますよ。自ら相手国にテロリストをつくっては、それを口実にエンドレスに戦争を起こす。先ほどカズさんがおっしゃった国民から愛されているアゼルバイジャンの指導者も、そろそろワシントンから「独裁者」と非難され米軍に引きずり降ろされる日がくるのではないかと、心配でなりません。

◆困った人を助けるのがイスラムと日本の共通点

石田　海外に出る若者とかビジネスマンへの助言というか、日本での常識が通用しないことってけっこうあると思うんです。モーガンさんは何か気をつけていることとかありますか？

モーガン　アメリカに帰ったときは、カギを忘れないよう注意するようにしています。また、日本以外ではカバンやリュックを取られないように肌身離さないよう気をつけています。そして自分に近づいてくる人がいたら、詐欺師ではないかと疑ってかかります。海外で日本人だと見られたらペテンにかけてやろうとする連中はいると思いますよ。

石田　性悪説ですね。それでいうと、疑ってかかるというのが日本人には難しいかもしれない。日本人ってやっぱり性善説だと思うんですよ。特に外国では出会う人はみんな、いい人に違いないという前提でお付き合いするケースが多いと思います。

モーガン　アメリカ人とは真逆ですね。近づいてくる人間は「誰だこいつ」という目で見ます。性善説が通るのは日本だけではありませんか？

石田　それでいうと、アラブ圏は意外に性善説かもしれない。行く先々でみんなよくしてくれますよ。騙すことを目的にしてるのではなくて、ごくふつうに親切にしてくれる人が多い。

モーガン　それは何でですかね。神様の教えでしょうか？

石田　日本のように困っている人を見たら助けなきゃいけないという教えがイスラム教にもあります。苦しんでいる人、貧しい人には寄付をしなければならないという。

中東、アラブ圏に限らず、アゼルバイジャンもそうですけれど、イスラム教の国でひどい目にあったことは僕はまったくないです。優しくされたことしかない。だから今回もそうだったけれど、アゼルバイジャンに行くと逆に気が緩んでしまいます。モーガンさんがアフリカに行っても、身構えるようなことが全然ありません。落とした財布が戻ってくるような国ばかりです。

モーガン　そういわれると、アメリカにいたときに付き合っていた中東の人々は、とても優しかったことを思い出しました。私が住んでいたアパートの上の階にイランの方がいましたが、近所に住んでいる子供たちにスイーツやお菓子をおすそわけしてました。本当に天使みたいな人でした。イランのイメージは、砂漠の国とかテロリストというイメージだったので、びっくりしたことがありました。

石田　たとえば僕がアフリカのスーダンに入ったときのこと。エジプトのすぐ下にある国で、ご存知のとおりそんなに豊かではありません。アメリカから経済封鎖されているスーダンでは両替ができず、クレジットカードもVISAとかマスターは使えないというのをあらかじめアラブ人から聞いてはいたのですが、アフリカだからそんなに物価は高くないだろうと思ってなめてかかった。だからドルの手持ちも日本円で3万円分ぐらいあれば十分だろうと。

ところがホテルに着いたら、まずパスポート登録を警察にしなければならなくて、その手数料で7000円くらいかかる。タクシーに乗ってもタクシーメーターがついていないから、アラビア語で交渉しないとぼったくられる。物価も思った以上に高くて、あっという間にお金が足りなくなってしまった。困ってドバイに住んでいる知り合いにメールを送ったら、グループ会社にスーダン人の知り合いがいるからと僕が泊まっているホテルまで呼んでくれた。その人は、僕の事情を聞いていたようで、ご飯をご馳走してくれてタクシー代も支払ってくれ、お金まで持たせてもらった。得体のしれない日本人に対してですよ。

僕たちが子供の頃から植え付けられたアフリカというのは、貧しいうえにテロや紛争、疫病に始終襲われた可哀そうな人たちの多く住む国で、日本人は寄付をしなきゃならない。そういうアフリカも一方であるかもしれないけれど、きちんとした生活をして、経済も発展させて、困った外国人に施しをしてくれるアフリカ人もいっぱいいる。涙が出そうなくらい嬉しくなっちゃって、スーダンが大好きになりました。

◆アフリカは寄付ではなく投資する場所

モーガン　それは貴重なお話です。グローバルサウスの人々から世界を見れば、まったく違う見方ができる。テロと戦争と疫病というアフリカのイメージはグローバリストがつくったものにすぎない。

石田　そうなんです。植え付けられたイメージ。UAEの首都アブダビの政府系ファンドの人から見れば、最早アフリカは寄付をする場所じゃなくて、投資をする場所です。

投資をするというのは一方的に魚を与えるのではなく、釣り方を教える。現地の人たちが釣りを覚え、釣りをするための仕組みをつくれば、自分たちの力で地に足をつけた仕事が回るようになる。投資先が豊かになれば、その恩恵を自分たちも受けることができる。ただ一方的に寄付をする関係とは違う。それではいつまでたってもアフリカは地に足がついた独立はできない。そういうことをアブダビ投資庁の人はいってました。

同じようなことをイタリアのメローニ首相がフランスのエマニュエル・マクロン大

統領に対して非難したことがありました。アフリカ西部のブルキナファソという国の通貨は「セーファーフラン」なのですが、これを牛耳って通貨を発行しているのがフランスです。たとえば紙切れの通貨を1枚発行すれば1万円で流通されるから膨大な通貨発行益を得ることができる。

また、コートジボワールの金鉱山では、小学生ぐらいの子供たちに金の採掘をさせる。死の危険がともなう鉱山の仕事に対し1日わずか20円の給金を与え、残りの金はフランスがごっそり持っていき、海外に売って利益を出していた。

そんなことではアフリカはいつまでたっても自立できない、フランスはいつまで植民地経営を続けるのだ。それこそがグローバリストのやり方ではないかと、メローニ首相が批判したのです。そういう人道的な人をメディアは「極右」だと非難している。

モーガン　人間に目を向ける人が極右で、デモクラシーや民主化をだしに外国から収奪するのがグローバリスト。まさに対照的です。

子供に危険な鉱山で20円という薄給で働かせるなんてとんでもない。人間のやることではありません。

大学院の頃の話ですが、ある教授のお手伝いの仕事をしていて、ダイバーシティ

（多様性）訓練の授業の際にたまたま隣に座っていたのが、ウガンダの人でした。そのとき訓練の授業を担当する大学院生の配った資料の冒頭に、「白人はみんなレイシストだ」という一文があって、その人が動揺していたのが伝わってきました。そして私に小声で、どうして？　と訊いてきたのです。

ダイバーシティを推進しているのはその白人のリベラルですが、たぶん外国に行ったこともないから、ウガンダの人が抱いた違和感がわからないのです。

彼からすれば肌の色は違うかもしれないけれども、それぞれいい人がいれば悪い人もいる。それを見極めるのは自分自身で、白人は全員ダメなどと一括りにする必要はない。そう思うのが人間として常識のはずです。そうすると却《かえ》って分断を招くことになる。でもグローバリストにとってその分断こそが目的なのです。

人々を、白人、黒人、ヒスパニック、アジアというようにいくつかのグループに分断し、分断することにより各グループを弱らせ上から支配する。それが彼らの手口です。

ほっといてくれと思います。

ウガンダの人はバカじゃないですしアゼルバイジャンの人もバカじゃない。みな人を見て見極める能力を持っています。カズさんがスーダンの人に世話になったように、いい人たちはどこにでもいる。サイコパスや悪魔はごく一握りの人たちで、多くの人は性善説だと信じたい。

◆ユダヤ・キリスト教を〝寛容〟にしたのがイスラム教

石田　特にイスラム教の教えが浸透している国は性善説だと思いますね。困っている人を見かけたら助けてあげなさいという教えです。

イスラム教というのは時代的にユダヤ教、キリスト教に続く宗教じゃないですか。ユダヤ教のいいところとキリスト教のいいところを全部複合した宗教といわれています。

やってはいけないことが厳しく定められて、排他的な宗教がユダヤ教で、それをもう少しやわらかくしたのがキリスト教、さらにやわらかくしたのがイスラム教です。他宗教、他民族に対しても寛容だし、創始者であるムハンマドは商人だから商売に励むことも認めています。キリスト教のような洗礼といった儀式もなく、入信も簡単で、モスクに足しげく通って祈りを捧げれば誰でもイスラム教徒になれる。

モーガン　私は子供の頃からカトリックとして育てられましたが、よく考えると宗教のためにやっていることは少ない。宗教が違うことを理由に人との付き合いを制限したこともありませんでした。日本に来ても、宗教を理由に誰かを拒んだり嫌いになったという人をほとんど見たことがない。

要するに世界でプロテスタントとシオニストだけが異常に非寛容で攻撃的なんです。イスラム原理主義者といわれていたオサマ・ビンラディンにしても、9・11で攻撃したのは貿易センタービルやホワイトハウス、ペンタゴンでした。「宗教戦争」といわれておきながら攻撃場所は宗教施設ではない。宗教のためのテロというのはウソではないか。

石田　その結果、アルカイダのビンラディンはつるし上げられた。もとはといえば、9・11は伝えられているような事件ではなかったと大きな疑念を持たれています。たとえば、そもそも貿易センタービルに航空機が突っ込んだというあの映像でさえつくられたものではないか、と。実際は、航空機はぶつかってなどなくて事前にビルに仕掛けられた爆弾の爆発が原因だったとも言われている。

なぜなら、ビルの崩壊の仕方が航空機の衝突では物理的に起こりえないから。また映像に映っていた航空機の尾翼がぶつかる直前に消えているのですが、これはCGをつくった制作会社の0コンマ何秒かのミスだと指摘されている。このような不審点がいくつもあるのですが、しかしそのことをYouTubeで取り上げるとバンされてしまう。ただトランプ大統領が9・11の真相を明かすといっているので、期待したい。

◆本当に恐ろしいCIA

石田　スンニ派やシーア派よりも怖いのはモーガンさんがいうところの「サイコパス」、つまりワシントンでありDSです。彼らのエージェントは全世界に派遣され、日本にも来ている。

モーガンさんはDSの工作員であるCIAの暗躍に詳しいので、教えてください。

モーガン　では、諜報機関について基本的なことから解説します。世界の諜報機関には2つの役割があります。「諜報」と「防諜」です。諜報はスパイを思い浮かべればいいでしょう。情報を集める人たちです。対して防諜は、外国のスパイにスパイ活動をさせないよう防ぐのが任務です。したがって、前者の活動がもっぱら外国であるのに対し、後者は国内での活動となります。

前者の諜報を担当するのが「CIA（中央情報局）」であり、後者の防諜を担当するのが「FBI（連邦捜査局）」なのです。外国勢力の侵略を防ぎ侵略する軍隊と国内の治安を維持する警察の関係と同じようなものです。

諜報も防諜もインテリジェンス、つまり生の情報＝インフォメーションではなく、情報活動によって得られる知見＝インテリジェンスを扱う組織です。

CIAの仕事は、スパイ活動を行なうとともに、自国にとって有害な活動をする組織および個人を調査します。また、協力者（情報提供者）を操り、自国が有利になるような政界工作や世論操作も行なう。

自国に有利な政界工作を行なうのは外交官も同じですが、違うのはいわゆる「外交特権」に守られて、合法的に活動する外交官で、非合法な活動を行なうのが諜報機関です。

CIAにとって破壊・暗殺工作、拷問も常套手段であり、独立した活動を行なう資金源を得るため世界的な麻薬密売にも携わっています（『The Politics of Heroin: CIA

ビンラディン容疑者殺害、歓喜に沸くアメリカ国内。写真：AP/アフロ

Complicity in the Global Drug Trade, Afghanistan, Southeast Asia, Central America, Columbia』Alfred W. McCoy, Lawrence Hill Books)。

　CIAが恐ろしいのは、人命よりも情報の価値のほうが高いからです。通常、情報機関は暗殺は隠然として行なうのに、アルカイダのオサマ・ビンラディンを殺害したときには、大いに宣伝していました。

　また、CIAの化学者が麻薬により人間の脳を制御する方法を見つけ出したり(『Poisoner in Chief: Sidney Gottlieb and the CIA Search for Mind Control』)、アフガニスタン紛争中の1979年から1989年にかけて、「ムジャヒディン（ジハードを行なう者)」に武器や資金の提供を行なった「サイクロン作戦」など大規模な工作も行なっています。

CIAの工作として疑いが向けられているもので有名なのは戦後の脱線事故である松川事件(1949年)があります。

しかし今の日本では、政府がほとんどDSの出先機関化しているので、CIAがこうした事件を直接工作する余地が狭くなっていると思いますが(笑)。

もうひとつ注意を促したいのは「第二のCIA」と呼ばれるNED(全米民主主義基金)です。

1983年のレーガン政権のときにネオコンが主導して国務省に設立されたものですが、「民主化運動」を盾に、当事国の体制転換をはかる。CIAが非公然でやってきた工作を公然とやっている組織です。中東での「アラブの春」や、2014年のウクライナでの大統領選挙では新欧米派の大統領を就けることに成功しています。

また、NEDは中国本土や台湾、香港の民主化運動も主導している。

◆CIAがはびこる大手マスコミ

モーガン　日本の場合、YouTubeで発信できないことがあるとか、SNSで書いてはいけないことがある、という事実じたいが、日本がDSの支配下にある証拠です。言論統制をし、言論弾圧を行なっている。ちなみにDSというのはデープ・スペクターのことではありません、ディープステートです（笑）。

それは冗談ですが、マスメディアというのは、本当のことを伝えるのが役割ではありません。どこの国でもそうでしょう。小さなメディアであれば、本当のことを伝えることができますが、主流メディアというのは真実とウソを混ぜ合わせて世論づくりをするのが主な仕事。だからCIAやその協力者が大手マスコミには入り込んでいる。

実際、CIAから「ポダム」と呼ばれていた正力松太郎がコントロールしていた「読売新聞＝ポダム新聞」はその典型です。だから新聞の論調にはDSのフィルターがかかり、テレビには「ミスターDS」が毎日のように出演している。

石田　テレビに出ているタレントや学者、専門家というのは決められたシナリオをそのとおりに演じる人たちです。

モーガン　ハリウッド映画にしても、日本人の道徳心を破壊するのが目的です。法案だったり、経済構造だったり、エンタメなどあの手この手で様々なルートを利用して日本人のモラルを壊そうと総攻撃をしているように、私には見えます。

石田　日本のようにテレビ局と新聞社が紐づけされているメディアは世界では珍しいようです。読売新聞と日本テレビ、朝日新聞とテレビ朝日、産経新聞とフジテレビ、日経新聞とテレビ東京というように。

もともと、日本では新聞社があってラジオ放送をつくり、テレビ局が設立されたという順序ですが、アメリカでは新聞社とテレビ局は分かれています。新聞社であるニューヨーク・タイムズはテレビ局を持っていない。つまり日本は新聞とテレビが一緒になってひとつの報道を流すことができるため、メディアが洗脳する力が相対的に強い。

モーガン　その点、アメリカはよくも悪くも杜撰《ずさん》なところがあります。それに日本のように「中立・公正」という建前もありません。ニューヨーク・タイムズやCNNはリベラルを謳《うた》っており、FOXニュースは保守であることを隠しません。その点、トランプ報道を見てもわかるとおり、日本のメディアのほうが統制されている感がありますね。集中的プロパガンダ。

石田　うまいこといいますね、そう集中的プロパガンダです。

モーガン　有馬哲夫さんが『原発・正力・CIA――機密文書で読む昭和裏面史』（新潮新書）のなかで書かれていたことですが、ワシントンが望むとおり戦後日本で原発を推進するために、CIAがバックについた正力松太郎が読売新聞と日本テレビをつかって親米世論を形成する活動を、機密文書から暴露しています。これを見ても、日本という国はプロパガンダをしようと思えば簡単にできる構造下にあるのだと思います。

石田　安倍晋三元首相が暗殺された翌日2022年7月9日朝刊の見出しが四紙とも「安倍元首相　撃たれ死亡」とまったく同じだったことが話題になりました。「暗殺」や「銃殺」という言葉をつかってもいいはずなのに、なぜか一致。この件については偶然であり、陰謀ではないという見解がありますが本当にそうか。疑われても仕方がない。

モーガン　私もそれを見て本当に怖いと思いました。

DSを排除するアルジャジーラの日本支局をつくりたい

石田　カタールのドーハにあるテレビ局「アルジャジーラ」では、「one opinion is another opinion（ひとつの意見に対してもうひとつの意見がある）」という言葉があります。これは報道機関として当然持つべき姿勢だと思います。ウクライナ戦争ではウォロディミル・ゼレンスキー大統領の言い分を紹介するとともにプーチン大統領の言い分も紹介しなければならないはずなのに、欧米メディアは前者の主張ばかり報道してきました。

モーガン　日本はいちばんひどいと思います。プーチンを独裁者と断じ悪魔扱いすることはテレビも新聞全紙も一致して、右も左もない。強調しているところが違うだけです。報道というよりプロパガンダ。

日本の新右翼の「一水会」――故・鈴木邦男氏が代表を務め三島由紀夫と森田必勝の魂の継承を標榜《ひょうぼう》する団体が刊行する月刊新聞「レコンキスタ」があります。「レコンキスタ」というのは、イベリア半島のイスラム教に奪われた土地を再度キリスト教の土地に取り返すキリスト教国の運動（718～1492年）のことを指し、かっこいい名前だと思います。

おそらくその名には、アメリカに奪われた日本をもう一度奪還する、という意味が込められているのでしょうが、そのような気骨のある新聞が日本には必要です。残念ながらこの「レコンキスタ」はほとんど存在感がありません。

アメリカには非常にラディカルなコミュニストの新聞がありますが、私も読みます。面白いことが書いてあるからです。でも日本の主流新聞は右も左も面白くありません。それこそ、カズさんがアルジャジーラの日本支局を開設してその支局長になればいいんじゃないですか？

石田　もう14年ほど前になりますが、アルジャジーラには2回ほど出演したことがあります。『オイルマネーの力――世界経済をリードするイスラム金融の真実』（アスキー新書）という本を出版して、カタールにいたときに、アルジャジーラの特派員であるシリア人がたまたまその本を手に取って僕のところにインタビューをしに来てくれました。日本にも来ている特派員が何人かいることは間違いありません。なるほど支局を開設しますか（笑）。

モーガン　2024年8月に「対等な日米関係を求める国民有志の会」である千葉県

県議会議員の折本龍則先生や元陸将補の矢野義昭先生、郵政・総務官僚の稲村公望先生、大阪市立大学名誉教授の山下英次先生が、８月９日における長崎での平和祈念式典にイスラエルを招致しなかったことを理由に欠席し、不当に日本に内政干渉するラーム・エマニュエル駐日米国大使に即刻辞任を求める記者会見を開きました。私もこの動きに少し携わらせてもらい、折本先生、稲村先生などがお集まりになられた米大使館前のデモ隊に参加させて頂きました。この件について雑誌に寄稿もしましたが、取材に来た報道機関はほとんどありませんでした。

ですからアルジャジーラの日本支局があるといいですね。支局は東京ではなく、地方に置いて、生の声を届けるようにすれば面白い。北海道とか石川県とか。

石田　そういうＤＳを排除してくれるメディアができるといいですね。それこそレコンキスタの精神で。

◆保守を名のる者の裏にＤＳ？

石田　身近にいるＤＳについてモーガンさんの意見をお聴きしたい。

モーガン　いわゆる「保守」とされる新聞や雑誌のなかには英語のような日本語で書かれたものが散見されます。誰かが英語で書いたものを翻訳したような。ＣＩＡの論調とそっくりなものがある。

最近わかったことですが、「保守」のなかには保守でない人がたくさんいる、ということです。

石田　たとえば日本保守党。あえて名指ししますが、その裏側をいろんな人から聴いています。保守でも何でもない、拝米であり、グローバリストだとの意見もある。

モーガン　日本保守党が出てきた当初、私は喜びました。ＬＧＢＴ法案を通す似非《えせ》保守の自民党ではなく、幻滅した保守層の受け皿となる真の保守政党が誕生したと。

ところが掲げている政策は、

①日本の国体、伝統文化を守る
②安全保障
③減税と国民負担率の軽減
④外交
⑤議員の家業化をやめる

⑥移民政策の是正─国益を念頭に置いた政策へ
⑦エネルギーと産業政策
⑧教育と福祉
（日本保守党ホームページ）

と多岐にわたっていますが、本当にやりたいことが何なのか見えてきません。そもそも女系天皇に賛成で保守ではない河村たかし氏率いる減税日本と組んだことじたいおかしい。「自民党より右」が最初から崩れています。

反LGBT法で誕生したかと思いきや、24年10月の衆院選挙では消費税減税をいちばんに掲げ、一貫性がない。消費税減税なられいわ新選組や日本維新の会と変わりがない。「アンチ自民」ということなら立憲民主党と同じです。

私は保守党は袋小路の感じがする。入ったはいいが出口がない（笑）。

石田　国際情勢に関しても、プーチン・ロシアをいまだに悪として捉え、ウクライナ支援を呼びかけており、まるで理解していません。「亡き安倍さんの遺志を継ぐ」、「真の保守政党」といっておきながら、やっていることは保守を売りにしたビジネス。保守党の政策を公開し支持者を広めるのが目的なら、百田尚樹さんや有本香さん個人の有料チャンネルに誘導する必要はない。寄付に対し領収書も寄付金控除の書類も出さない。

僕もモーガンさんとまったくおんなじで、保守党にすごく期待したんです。ところが、保守党のできた経緯や百田さんと有本さんがこれまで誰ともめてきたのかを見ると、彼らがやってきたのは保守の分断です。保守が分断し保守党が参政党から票を奪えれば喜ぶのは自民党。そしてその裏にいるDSの思うつぼです。

モーガン　まさに拝米で、ミスターワシントンでありミスターDSです。私は百田さんの小説は面白くて好きなのですが、保守党での発言や行動はいただけません。

石田　元日本保守党の候補者だった飯山陽《あかり》さんは「日本保守党はYouTube企画だ」とうまいことをいっていますね。でも保守党が本当に日本をよくしてくれると信じてついていっている人たちがいて、騙しているわけです。

モーガン　それは許しがたいことです。お金を騙し取ることもさることながら、人の心を奪うこと、愛国心を弄《もてあそ》ぶこと、これはしてはならない最悪の仕組み。毎日観ていた動画がDSの工作だったかもしれない。私ももっと早く気づくべきだったと猛反省しております。

このことを奇貨として多くの日本人が似非保守の正体を知り、真の保守に目覚めてくれたらいいですね。

◆「対中国のために日米同盟の強化」が拝米保守の言い分

石田　われわれがいうところの拝米保守の人たちの外交・安全保障についての言い分は次のように要約できます。

自分たちがルールであるとする中華思想むき出しで軍事力も辞さない中国共産党の侵略から日本および極東アジアの平和を守るには、日米同盟の強化こそが命綱である。そのためには軍事費をアップし、できれば憲法を改正し自衛隊を国軍と認定する。日米ともに台湾を国家承認し、軍事同盟を結ぶ。故・安倍首相が打ち立てた日米＋オーストラリア、インド4カ国を軸にした「自由で開かれたインド太平洋戦略（FOIP＝Free and Open Indo-Pacific Strategy）」の実施、「NATO（北大西洋条約機構）」諸国との連携を行ない中国包囲網の構築を完成させる。

一見、正しいように思えますが、考えなければならないのはウクライナ戦争の教訓です。結局、この戦争の本質はロシアvs.ウクライナではなく、ロシアvs.米英の代理戦争であり、ウクライナはプーチン・ロシアの崩壊あるいは弱体化のための駒にすぎない。米英は自分たちの血は流さずに、武器を売りつけ大儲けする。日本を対中国におけるウクライナにしていいのか、という危機意識に乏しい。ワシントンが垂れ流すロシア＝悪、ウクライナ＝善の図式を信じ切っているからでしょう。

しかも拝米保守はDSの傀儡にすぎないバイデン政権を評価していますね。戦争をビジネスにするネオコンや軍産複合体への警戒心が弱い。日本の自立を望むなら米軍基地の縮小、核武装さえも認めるような発言をしたトランプ政権に否定的なのもなぞです。

モーガン　ワシントン在住で国際政治・米国金融アナリストの伊藤貫先生によれば、拝米には3つの理由があるといいます。第一に、政治学者の田久保忠衛氏や外交評論家の岡崎久彦氏のような昭和一桁世代は、小中学生時に父親や祖父が敗戦により進駐軍に土下座した姿を目の当たりにし、アメリカには二度と歯向かってはいけないと骨身に染みて崇拝者になってしまった。

第二に、もともと国士のようなことをいう保守派には臆病者や卑怯者が多い。朝日新聞やNHKのような左翼メディアに限らず、産経や読売もそう。そして田久保氏とのエピソードを話してました。伊藤先生が田久保氏と一対一で話をし、日本の核武装の必要を説いたときに、次のようにいわれたといいます。「伊藤貫、お前そんなこというとアメリカからナイフを振り回す不良少年だと思われるぞ。だからやめたほうがいい」と。

第三に、「親米保守はただ頭が悪い」だけだとおっしゃっています。アメリカ政府から日本は自主防衛できるはずがないといわれるとそれを鵜呑《うの》みにしてしまう。自分で勉強すれば、日本が自主防衛するために現実的な核武装のやり方はあるし、それを書いている識者の本を読もうとしないと伊藤先生はいいます。

櫻井よしこ氏のような人たちが岡崎氏や田久保氏の影響を受け、臆病者でワシントンの言い分を丸ごと受け取って分析力がゼロだというのは私も認めますが、それだけかどうかは疑問です。本当に無自覚なのか。

石田　拝米保守の人たちは、中国の脅威をこれでもかこれでもかとまくしたてますね。中国の脅威はそのとおりですが、日本との対立まで煽《あお》ろうとしているように見える。

ワシントンがプーチンを挑発し続けてついに始まったウクライナ戦争の二の舞にな

ることがわからないのが不思議です。日本と中国の対立が激化して得をするのは誰か。まさに分割統治です。

海上自衛隊の護衛艦「さざなみ」が2024年9月25日に、オーストラリアとニュージーランドの艦艇とともに台湾海峡を通過しました。海自艦艇が台湾海峡を通るのは初めてですが、そんな挑発をして、本当に中国が攻めてきたとき誰が責任をとるのか。米軍をあてにしたら大変なことになりますよ。

モーガン　中国の台湾侵攻＝日本侵攻が始まった途端、ワシントンは「グッドラック」。血を流すのは日台両国民だけで、アメリカは武器を売りつける。

保守が本当に考えなければならないのは日本の独立のはずです。中国が攻めてくることばかり強調するのではなく、ワシントンからの自立をなしとげなければならないのに本気で考えていない。スイスのように日本の男性一人ひとりがライフルを持ち、自衛する気概があれば中国が日本に侵略することはありません。

私は自衛官を悪くいうつもりはありませんが、ある自衛隊ＯＢの方が米軍からの要請により戦闘機でイラクまで派遣されたことを誇らしく話していることがありました。戦闘機の操縦も修理も自衛隊は優秀で他の軍隊の人たちから褒《ほ》められたといっていました。それはいいのですが、もし私に戦闘機を与えられたら、イラクではなく、私の故郷、南部の敵であるワシントンの爆撃に向かう。そのような気概がその方からはまったく感じられない。「イラク派遣ざんまい」と、自慢話するわけです。カッコ悪い。中国の脅威を隠れ蓑《みの》に、ワシントンからの独立への目を背けている。

ということは、もしアメリカよりも中国が強大になったら、拝米保守は拝中保守に豹変《ひょうへん》するでしょう。そんなことでいいのかと問いたい。

◆中国が悪の国でも共存するしかない

石田　中国共産党＝悪なことはわかりきっています。しかしそのような悪の国でも隣国である以上は、日本はうまく付き合っていくしかない。引っ越せませんからね。日本のほうから。

モーガン　アメリカにとっての困った隣国はメキシコになります。メキシコからすればアメリカが困った存在ですが、どんなに困った存在であっても隣国ならば共存するしかありません。

　その点、トランプがやっていたことは悪口をいいながらも共存をはかる外交です。インドの外務省幹部が中国共産党との付き合い方として面白いことを書いています。共産党というのはそれは見事にウソをつく。だから大ウソつきであることを大前提に接すれば対応は簡単だと。相手のいっていることを信じてしまえば裏切られたと慌てますが、はなからウソつきだと思っていればそれはない。

　日本も中国とは大ウソつきであることを承知したうえで、是々非々で、協力できることがあればすればいいし、なければ放っておけばいい。

　日本にとって最悪なのは中国が共産党の一党独裁政権であることよりも、崩壊して大量の難民が日本に押し寄せることです。残酷なようですが、中国人にとって共産党政権は不幸な人が多くても、他国にとっては国内でまとまってもらっていたほうが都合がいい。

石田　2024年5月17日にエマニュエル大使が、台湾に最も近い与那国島を初めて訪問し、「戦争を防ぐいちばんの方法は確かな抑止力だ」と述べ、日米同盟の重要性を強調したといいます。それが日中戦争を起こすための中国への挑発だということに日本人は気づくべきです。

モーガン　自衛隊は愛国心を持ち、日本を守りたいという人たちです。そのような日本人をワシントンのために犠牲にしてはいけません。あまりにも悲しすぎます。

石田　日本保守党のような人たちが力をつけ政権に入るようになれば、中国との戦争に拍車がかかる。それだけは防がなくてはなりませんね。

モーガン　ブラックスーツに身を包みハットをかぶりサングラスをつけた一昔前のスパイ映画のCIA職員のイメージとは違い、今はもっとラフな格好にフランクな態度で笑顔で近づいてきます。CIAとその日本人協力者はごく身近にいることに注意していただきたい。

石田　LGBTなどで分断を煽るような人たちも要注意ですね。DSの手先だと警戒したほうがいい。

モーガン　カズさんのように中東やアフリカまで出かけてゆき、人間対人間の付き合いができる人。私ともハグをしてくれるじゃないですか。それがすごく嬉しい。国籍や文化の壁がなくなる。重要なのは人間です。

逆にいうと悪い人間というのは政治家に多い。ワシントンであり永田町であり北京です。そういう意味ではわかりやすい（笑）。

石田　選挙で誰を選ぶかがますます重要になっていますね。

◆グローバリストとの戦いに勝利したアイスランド

石田　日本には本気でDSと戦おうという気概を持った人はほとんどいません。しかし、リーマンショック後の2009年の時点で、グローバリズムの危険性に国民が気づいて、排除することに成功した国がアイスランドです。

アイスランドは人口38万人の北ヨーロッパの小さな島国ですが、EUには入っていないし、ユーロも使っていません。アイスランドは自国通貨クローナを使用し、独自の経済圏を自分たちでつくっています。要は国際金融資本に通貨を支配されないようにしているのです。

しかし、そこにたどり着くまでには、大きな挫折がありました。

もともとアイスランドは、漁業と温泉しかなかった国でした。それが1990年代以降グローバル金融ビジネスへ参加し、繁栄を誇り、「金融帝国」にまでのし上がる。

何をしたかというと、金融機関の民営化、外国との資本移動規制の撤廃、クローナの変動相場制の導入など。すると、それまで国内業務が主であった銀行は国際的な金融機関に拡大。たとえば2006年には、アイスランドの大手3大銀行である、カウプシング銀行、グリトニル銀行、ランズバンキ銀行の総資産はアイスランドのGDPの8倍にまで膨れ上がりました。

ところが、2008年のリーマンショックによりまたたくまに破綻《はたん》に追い込まれIMF（国際通貨基金）に頼るはめに陥《おちい》る。ここで米英は金融機関の「大きすぎて潰せない」問題にぶつかり、周知のように国民の税金で救済します。

モーガン　それは本当におかしい。金融危機時に銀行以外の多くの企業や国民は、大損をする形で責任をとりました。それなのに巨利を貪って来た銀行が救済され、銀行幹部の責任は問われず、金融機関関係者のひとりも起訴されることはなかったのです。明らかに不公平。

石田　でもアイスランドは真逆の対応をしました。怒った国民は銀行を破綻させ、その後国営化したのです。

金融破綻を引き起こした数多くの犯罪行為に関して、3大銀行のCEOと経営幹部、株主、投資家、不正なローン取引を行なった貯蓄貸付組合の幹部など、合計26人の金融関係者が有罪判決を受けた。

　モーガンさんがよくいわれる「自民党の政治家は全員粛清しろ」をアイスランドは実際にやったのです（笑）。

モーガン　日本もアイスランドを見習うべきです。脱グローバリズムはできる、ということです。

石田　私が講演でこの話をすると、アイスランドは小国だからできるのだという人が必ずいます。それなら国ではなく地方自治体から始めたっていい。

モーガン　やる気がないことの言い訳なんですよ。こういったら失礼な話ですけれども、アイスランドはもともと定住したヴァイキングがつくった国です。「強い者だけが生き残る」がモットーのヴァイキングのなかで、定住のできない一群がイギリス経由でアメリカに行った。つまり、ヴァイキング精神が結局全世界を支配するようになったともいえるわけです。

　一方、アイスランドに渡ったヴァイキングは、殺し合いをしていてはまずいと思ったのかもしれません。そこで、みんなで話し合おうという民主議会を始めた。それもヴァイキングの精神だと思いますよ。

石田　だから世界最古の民主議会はアイスランドのヴァイキングです。そのような人たちだからこそ他の国ではできないグローバリストの排除をなしとげた。

モーガン　ＥＵというのはもとはといえば、ＥＣＳＣ（欧州石炭鉄鋼共同体）で、冷戦期に欧州６カ国が設立し（１９５１年）、石炭と鉄鋼の共同市場を創設することが目的でした。その背景にはヨーロッパ諸国がなかなか戦争を止められないという背景があったと思います。グローバリズムというのは戦争を止められないという前提があって国境をなくすというヨーロッパの思想を全世界に広めたものだといえます。

そのような思想は日本にはないものです。

THE AGE OF REVENGE

第3章

「ロボット」のG7か「人間」のBRICSか

◆BRICSを報道しない不都合な事実

石田　2024年10月22日から24日まで、国際会議「BRICS」首脳会談が、ロシアのカザンで開催されました。BRICSというのはブラジル、ロシア、インド、中国、南アフリカの頭文字をとった名称ですが、この5カ国に加え、イラン、エジプト、アラブ首長国連邦、エチオピアの9カ国からなる。

BRICSの報道は日本ではなかなかされないんですが、BRICS諸国の新聞の社説を読んだところ、西側諸国がBRICSの成長や存在感をアピールしたくないから伏せられているのだと分析されていた。さもありなんです。

実際、僕ら西側諸国の人間にとって、BRICSの実態が報道ではよくわかりません。しかし、BRICS5カ国だけで世界人口の約41％を占めています（2024年）。この会談に参加した加盟希望国は28カ国にもおよび、世界人口の半数以上のシェアを占めるのは時間の問題でしょう。

また国土面積では5カ国合計で世界の約32％。しかも5カ国とも資源大国。G7とBRICSの狭間でゆれていたグローバルサウスはBRICS側に引き寄せられています。

ＢＲＩＣＳの大半の国が経済成長をし、２０２１年にはＧ７を追い抜き、直近のＧＤＰ世界シェア（購買力平価）ではＧ７の29・７％に対しＢＲＩＣＳの35・１％とその差を広げています。

またＢＲＩＣＳが対ロ制裁に参加せず、パレスチナを国家承認していることも、西側諸国が〝報道しない〟不都合な事実なのでしょう。

今回10月の会議のテーマは「公正なグローバル開発と安全保障のための多国間主義の強化」で、「カザン宣言」が採択され、「ＢＲＩＣＳ諸国とその貿易相手国との取引で自国通貨を使用することを歓迎する」と、今後の方針を定めています。

モーガンさんはＢＲＩＣＳについてどう見られてますか？　歴史的観点も踏まえながら教えてください。

モーガン　ＢＲＩＣＳの国々を見ると、まず５００年間の「植民地時代」のありさまが心のなかに浮かんできます。その植民地時代がやっと終わりつつあるのだなと感慨深くなります。

私の国南部では奴隷制度がありました。奴隷というのは、何百年も続いていた拉致問題だったということができます。私の先祖はルイジアナ州に住んでいて、インディアンのルーツを持っている人もいる一方で、奴隷の持ち主もいました。

ルイジアナのニューオーリンズは奴隷を売る所として有名です。しかし当時奴隷は、南部の問題だけではなく、白人たちが全世界に植民地を獲得したことと並んで行なわれてきたことでした。人身売買の底流には白人至上主義があります。白人以外の人間は半分人間、半分サルの動物扱い。場合によっては家畜以下の扱いを受けた。南部では牛か奴隷かでいうと牛のほうを大切にしたわけです。それくらい白人以外の人間の価値が低かった。

石田　第1章で取り上げたインドもそうですね。東インド会社の人間に残酷なこん棒で打たれながら、文字どおり死ぬまで働かされた。

モーガン　ベルギー国王はコンゴ自由国を統治した19世紀末に、20年の間で、1500万人ものコンゴ人を虐殺しています。600万人といわれるヒトラーのユダヤ人虐殺よりも2倍以上の原住民が殺されました。

しかし、そのような残酷なホロコーストの歴史をアメリカでは教えていません。なぜか。要するに価値のない人間たちの命だと見ているからです。

一方、BRICS会議に参加した国々の指導者――たとえばカズさんがおっしゃったブルキナファソやニジェールとか南アフリカというようなアフリカ諸国の指導者の話を聞くと、少なくともBRICSのなかでは白人支配はなく、自分たちの国が他の国からリスペクトされている、見下されていない、という感じが伝わってきます。

たとえばロシアとアフリカ諸国や中東の関係はフラット。G7、西側諸国のような上から目線が一切ない。自由と平等と人権の名のもとに内政に干渉したり、経済発展と称し掠奪的なグローバル経済を押し付けるようなこともしない。そのような上から目線のない関係であることが素晴らしいと思います。

BRICSの台頭を見ると、白人至上主義の時代が終わりつつあることを感じ心から歓迎したい。

◆ドルの〝武器化〟でBRICSが一枚岩

石田 BRICSを一枚岩にしたのがウクライナ戦争です。米欧による猛烈なロシアへの経済制裁を目の当たりにしたからです。

基軸通貨ドルを持つアメリカは、ドルを〝武器化〟して、ロシアに金融制裁を行ないました。ロシアを国際的な資金決済網「国際銀行間通信協会（ＳＷＩＦＴ）」から除外、ロシア政府高官およびオリガルヒと呼ばれるロシア大富裕層への制裁、外資企業の撤退により、ロシア経済を締めあげた。

なかでも強烈なのがＳＷＩＦＴ。ウクライナ戦争が始まる２０２２年１月時点で世界の１万１０００以上の金融機関が接続、決済額は１日当たり５兆ドルにものぼる決済網から排除されるということは、国境を超える取引ができなくなるということです。つまり、ロシアから外国へ送金することもロシアに送金することもできなくなった。当然ドル決済ができないため、海外からモノを買うこともままならなくなりました。

そのようなロシアへの制裁をＢＲＩＣＳやグローバルサウスの国々がみんな横から見ていて、自分の国がドルの制裁にあったらひとたまりもないことを痛感させてしまった。明日はわが身だと。

しかも、ロシアを制裁してダメージを食らったのは、ロシアにエネルギーや食糧を依存していた欧米諸国という皮肉な結果を招いています。食料・エネルギーの価格が上昇すればインフレになるのは必須。その点、資源大国であるＢＲＩＣＳ諸国は強い。

資源と食料を自国で賄《まかな》うことができ、軍事大国であるロシアは、日本人が考えるよりも大国なのです。エネルギー・食料・軍事力のすべてを他国に依存する日本こそ自国の惨状を反省すべきです。

ロシアからの外資の撤退、マクドナルドやスターバックスなどの撤退もロシアにダメージを与えることはできませんでした。逆に格安で引き継ぐことができたものもあるようですね。

ロシア制裁が始まるとメディアは一斉に「ロシア国債はデフォルトする」、「ルーブルは紙くずとなる」と報じ、日本もその尻馬に乗りましたが、いかにデタラメなプロパガンダだったのか、今や明らかです。

モーガン　最近面白い指摘がありました。ご存じのとおり英語で人種差別は「レイシズム」といいますが、「ルーシズム（ロシア差別）」という造語ができたというのです。

歴史的にロシアというのは微妙な立ち位置におかれていました。地理的にもヨーロッパとアジアの境界にあり、一応白人ですが、「タタールの軛《くびき》」でモンゴルの影響も強く、アングロサクソンとは別民族のスラブ人。要は、プーチン・ロシアが敵だから、プーチンが独裁者だから嫌いなのではなく、もっと深いところに欧米アングロサクソンは非白人として人種的にロシア人を差別しているということです。

前述したシアム・パレスチナ大使がいった「単なるヘイト」を思い出します。ロシアのラブロフ外相は、プーチン大統領の西側諸国と対等になろうとするすべての試みが失敗したことに気づいたといいます。

ソ連の崩壊後のロシアは、「自由主義世界」、民主主義世界、「歴史の終わり」の一部となったという高揚感があったが、「1990年代にはロシアが、せいぜい下位パートナー、おそらくパートナーでさえないとして扱われていたことが、ほとんどのロシア人にとってすぐに明らかになった」と話しています。

◆「家畜ロボット」のままでいいのか

石田　なんで白人たちにはそこまで憎悪があるんだろうか。日本人には理解できません。外国人との人種や文化の違いから「差別」することはあっても個人的な何かがなければふつうは「憎悪」まではいかない。ましてや奴隷にしたり虐殺したいとは絶対に思わない。

モーガン それは私も不思議なんですよ。でも、自分たちが他の人種より優れているという絶対的な優越感が強いことは間違いありません。イスラムにせよインディアンにせよ、インド人にせよ東南アジアの人々にせよ。

石田 トルコがEUに入りたがっていたのに、結局入れてもらえなかったのもそれが理由ですか。トルコといえば、1877年～78年に起こった、ロシア帝国とオスマン帝国の戦いである「露土戦争」が示すとおり、地政学的歴史的にロシアと何度も戦争してきた国です。ロシア包囲網であるNATOにおいて重要な役割を果たしている。トルコが親日である理由のひとつに日露戦争の勝利がある。トルコにとって宿敵だったロシアを日本が倒したことに感激したからです。

ともあれ、そのようにNATOに貢献しているトルコがEUに入れてもらえない。実際ウクライナ戦争でもロシア・ウクライナ両国との関係を維持し、停戦の仲介役に立とうとしたのもトルコです。

モーガン 実際、2022年4月という早い段階で、トルコのイスタンブールで交渉が行なわれたウクライナ代表団による停戦案である「イスタンブール文書」にプーチンは合意しようとしたといいます。

2022年3月29日、トルコのイスタンブールで開催された4回目の停戦協議でスピーチするレジェップ・タイイップ・エルドアン大統領。提供：Ukrainian Foreign Ministry Press Service/AP/アフロ

条件は、NATOではなく、ロシアの参加のもとでウクライナに集団的安全保障を担保すること。そして、これらの安全保障はクリミアやウクライナ東部には適用されないこと。

ところが、それをイギリスの首相だったボリス・ジョンソンが阻んだ。レジェップ・タイイップ・エルドアン大統領の邪魔をしたのです。

石田　トルコはイスラエル、イラン、サウジアラビアがしのぎを削る中東にあって、独特の存在です。トルコはイスラム教の国ですが、街中でふつうにお酒を飲むこともできるし、女性は比較的自由な服装を許され、世俗的です。

建国の父であるムスタファ・ケマル・アタテュルク（1881〜1938）がオスマン帝国を近代化した際に、政教分離を実行したことが大きい。政治と宗教を切り離したという意味では、イスラム教国のなかでも特異な地位を占めています。

一方、再選を果たしたエルドアン大統領が世俗化と逆行するイスラム化政策をとっていることを理由に、西側諸国は警戒心を強めているともいわれている。

また、クルド人難民、シリア人難民といった人権問題も重なり、長年にわたってトルコの加入は棚上げにされてきました。

だからトルコ国民が欧米に対して不信感を持つのは当然です。

モーガン　EUに加盟させない理由を簡単にいえばトルコは白人じゃないからです。反対にウクライナを支持している理由は、白人だからです。ロシア人ではない東ヨーロッパの仲間だと思っている。そのような白人か非白人かで線引きする精神がわかりません。

私はロシアではなく、ソ連が嫌いでした。それは共産主義だからです。共産主義というイデオロギーが嫌なだけで、ソ連が崩壊したあとのロシアには嫌悪感はありません。しかしウクライナ戦争の様子を見ていると、私のように考えない白人が多いことに改めて気づかされました。

石田　まさに今、モーガンさんのおっしゃったようなアプローチをちょっと別の言い方にすると、G7というのは自分たちのルールを押し付けて、統一のルールですべての国をロボット化したがる。一方、BRICSというのは、それぞれの国の政府や宗教、文化を各国が尊重して、お互いは決して内政干渉などはせずに、お互いを尊重している。これが大きな違いだと思います。

モーガン　もちろん、BRICSとて一枚岩ではありません。「ドル離れ」も模索しつつも、アメリカとの距離感は各国によって温度差があります。反米のロシア・中国に対し、インド・ブラジル・南アフリカはもっとニュアンスのある立場を示していますす。両陣営に片足ずつ突っ込んで、美味しいものはいただくというスタンスです。

　また、いうまでもなくインドと中国は領土紛争を抱える犬猿の仲。2024年から加盟予定だったサウジアラビアはイランとの関係で、BRICS入りを見送っています。

　とはいえBRICS諸国が互いに内政干渉をせず、経済協力を進める前向きな関係であることは間違いありません。

どっちの価値観のグループがいいかといったら、後者のほうがいいというのが僕の意見。まさに「家畜ロボット」のG7と「人間」のBRICS。人間らしさでいったら、どう考えてもBRICSを選ぶ。日本もどちらの道をとるのかの岐路に立たされています。

◆BRICSの国々に興味を持ったきっかけは投資

モーガン　ところで、石田さんがBRICSの国々に興味を持たれたきっかけは何ですか？

石田　もともと僕は株ですね。若い頃、日本株をずっとやっていたのですが、あまり勝てなくて、知り合いから教わって中国を進められた。

そしたらまあまあ儲かりました。それで中国の次はどこか、ということでタイ株やベトナム株を買った。株を買う以上、視察するわけです。その流れのなかで中東にまで進出した。

モーガン　面白いですね。投資と冒険を繰り返したわけですか。

石田　もちろん全財産突っ込むわけじゃなくて、数万円程度の金額でした。
　中国の場合は、高速道路とか石油とか国有企業のＩＰＯ（新規上場）に参加していたので、香港とかシンガポールの証券会社を使うとレバレッジを効かせられたんですよ。手元に20万しかなくても５００万円分の取引ができた。もちろん、株価が下がればその分のリスクも膨らみますが、巨大国有企業のＩＰＯだから上がって当然なんです。それで相当儲かった。
　だからＢＲＩＣＳは投資対象としてずっと見てきました。これから成長するところはどこだろう。

モーガン　そういう嗅覚があったんですね。

石田　嗅覚というよりも、アメリカや日本株でも成長する企業はいっぱいあるんだけど、３０００銘柄もあって、そのなかから成長する会社を見つけるのは、ふつうに難しい。
　だったら、これから成長していきそうな国を探し、その国の基幹産業に投資をすればいい。昔の日本でいうトヨタ、キヤノン、パナソニック、ソニーに。

モーガン　投資も重要だと思います。地政学的にも多極化です。やっぱり投資も同じかもしれないですね。

◆米兵を畏怖させた日本人の母親

石田 人間には道徳心とか仁義といわれるものがあるじゃないですか。日本人は非常に高い精神性を持っていると思うエピソードがあります。

原爆を落とされた広島で、戦争が終わって米兵が軍用車を乗り回して、子供たちにチューインガムとか投げていたじゃないですか。そのガムをやってきた子供たちがもらって家に帰る。するとお母さんがこういった。「米軍の方々にお礼はいったの？」と。

ありがとうっていってないと子供が返事をしたら、お母さんが子供の手を引いて米兵のところに行ってありがとうございますとお礼をいったというんです。

それを見た米兵が、日本という国はなんて恐ろしいんだって考えたらしいですね。

モーガン すごい国ですね。

石田 でも日本はそういう国です。原爆を落とされて、家も家族も焼き払われて、この世の地獄というほどひどい目にあっているのに、それでも人様から物をいただいたらちゃんとお礼をいいなさいと教える。

カッコイイですよね。

モーガン　ここに人間の理想があります。

私は仁義の「仁」の語源を調べたことがあるんです。「亻（人偏）」と「二」からなる会意文字で、人が向かい合った形で親しみ語らい合う姿を示すと解釈されているといいます。

これは私の勝手な考えですが、仁という文字には別の解釈ができるのです。

「二」という字は、2つのレベルがあるということです。われわれのなかには下の人間と上の人間がいて、下にいるのが動物的な人間、狡猾で貪欲な人間。そしてその上にいる人間、天国にいる人間、いいことをしたり、親切な人たち。人間にはそのような2つのレベルがあることを示しているような気がするのです。日本人は上にいる人たちです。それを殺したのが西洋です。

◆普遍的なものしか信じられない西洋人の病

石田 近代になって西洋化という便利なものが入ってきた。それはいい面もあるけれども、文化とか歴史まで殺されてしまったというのは、何とかしなきゃいけないなと思います。パレスチナのシアム大使がおっしゃっていたのが、イスラム教と日本の思想はすごく似ているといいます。

どこが似ているかというと、前述したように仁義だというのですね。困っている人を見たら助けなさいとか、ちゃんとお礼をいいなさいとか、あるいは貧しい人には寄付を施しなさいというような教えがイスラム教にもあります。

日本でも子供の頃から道徳という授業があって、両親を大切にすること、おじいちゃん、おばあちゃんを敬うこと、人には親切にすることを教えています。日本人の根底にあるところであり、それこそが人間らしさだと思うんですよ。

その人間らしさを追求しようとがんばっているのがBRICS。

モーガン 話がちょっと深くなるんですけれども、キリスト教の場合、相手の大切さを教えるときに、その人をイエス様だと思えと何度もいわれたことがあります。

日本は、相手を聖者に見立てるのではなく、あくまで人間として尊重する。でも、西洋には人間を人間として尊重する考えが希薄だったから、目の前の人を「イエス化」しない限り、敬うことができないのではないか。今お話を聴いてそんなことを思い浮かべました。

要は西洋の場合、生身の人間を受け入れるというよりは、抽象化する傾向が強いのではないかという気がします。人権とか民主主義とか普遍的な価値観に基づかないと相手を尊敬できない。そのような違いがあるのかと、面白いと思いました。

ＢＲＩＣＳというのはまさに人間のクラブ、人間の集合体です。上とか下ではなくて、ある意味ルーズであり、いろいろな国があって、いろいろな考えがあっていい。それこそが本当の「多様性」です。

ロシアのラブロフ外相も各国の多様性を認め内政干渉はしない、協力しましょうという姿勢を示しています。

だいたい欧米のようにＬＧＢＴ法案や中絶問題、様々な人権問題で他国を縛り付けようとはしない。

石田　その縛り付けようとしてくる欧米に対し尻尾を振っているのが日本であり自民

党です。

モーガン　もっと縛ってくださいと。

石田　どれだけドMなのかという話です。でもG7の国というのはみんなそうではありませんか？

モーガン　フランスは違うと思います。フランス人は本当はアメリカのことが大嫌いなはずです。あまりにも国民性が違うので、アメリカ人もフランス人は好きではない人が多いと思います。

個人レベルではまだいいのですが、たとえばマクロン大統領がトランプ大統領に媚びたりすると、フランス人のプライドの大きな傷になりかねません。フランスという国は第二次世界大戦ではドイツの占領をあっさりと許した敗戦国にもかかわらず、戦後ドゴールの外交力だけで戦勝国の地位に上り詰めた国です。敗戦国の日本とドイツに比べて経済力もないのに、大国のようにふるまっている。ロシアにもアメリカにも与しない、独立独歩で非常にプライドが高い国民ですから。

プーチン大統領とエリトリアのイサイアス・アフェウェルキ大統領の会談の動画を見たら、プーチンはメモをしながら低姿勢で話を聴いていたんです。「アフリカの北

ウラジーミル・プーチン大統領と会談するイサイアス・アフェウェルキ大統領（エリトリア）。写真：代表撮影／ロイター／アフロ

朝鮮」と呼ばれるエリトリアは2023年に独立して30年になったばかりの小国で、ロシアとは比較になりませんが、プーチンに驕《おご》った態度はうかがわれませんでした。人間同士の対話という感じがすごくしたのです。

石田　松下幸之助みたいですね。松下幸之助は「まわりの人はすべて先生です。そしてまわりの人すべてが生徒です」と話していたそうです。

プーチンさんにとっても、すべての人が先生なんでしょうね。だから真剣に話を聞いて、メモを取った。これがG7の国だったらエリトリアという小国の大統領と、はたして会談をするのか。まず会わないでしょう。たとえ会ったとしても、資金援助をする代わりにエリトリアの一党独裁体制を批判し民主化を求めるのでしょう。

◆グローバルサウスは米欧の手口をとっくに見抜いている

石田 それにさんざんやられてきたのが、アフリカ、中東、それから南米の国々です。タッカー・カールソンは、グローバルサウスの人たちは西側メディアの嘘偽りというものをとっくに見抜いている。むしろその嘘偽りに塗り潰されてきたのがわれわれ西側諸国の人間であり、今になってそのことにようやく気づいたといったことはすでに述べました。

モーガン 私はアフリカのYouTubeチャンネルを見るのが大好きです。アフリカの政治評論家たちは、ワシントンの常套手段を完全に見破っています。アメリカが初めは与えるようなことをいいながら掠奪する手口をアフリカ人は歴史的に何度も経験しているから、キレイゴトは罠であり、白人を絶対に信頼してはいけないと骨身にしみている。

また、ウクライナ戦争については、開戦当初から〝代理戦争〟だと指摘していました。ワシントンが仕掛けた戦争であり、逆にプーチンは自分の国を守ろうとしていると見ています。

それから面白いのはトランプ支持が多い。メディアは黒人はトランプを批判していると報じてましたが、アフリカ人たちはハリスが嫌いです。ハリスは黒人を代表していない、ただのエリートだと。

一方のトランプは不当に裁判をでっち上げられ、刑務所にぶち込まれる寸前までいった。トランプがされていることは自分たちが白人にされてきたことと同じだとシンパシーを抱いているのです。トランプ＝黒人みたいな感じです。

石田　それは面白いですね。

ブルキナファソのイブラヒム・トラオレ大統領はまだ36歳と若いのですが、宗主国だったフランスに対して真正面から喧嘩を売っている。「ブルキナファソ人のためのブルキナファソをつくるのだ」と宣言。実際、２０２３年2月には反政府勢力を支援していたフランス軍をブルキナファソから追放しています。

西アフリカ・ベナン共和国の外交官で日本ではタレント活動をするゾマホン・ルフ

イブラヒム・トラオレ大統領（ブルキナファソ）。写真：ロイター / アフロ

インがいっていたことですが、西アフリカの国々、ベナンやニジェールやトーゴなどは自分たちの言葉を封じられて、みんなフランス語を勉強させられた。歴史も勉強するのはフランスの歴史。自分たちの国のこと何もわかっていない。だから自分たちの言葉を勉強して、自分たちの国の歴史を勉強して、自分たちの経済をつくっていく。そういうことをしないと、いつまでたってもフランスからひたすら搾取されて終わる。教育を変えたいと切実に話していました。

日本も同じじゃないですか。

モーガン　日本も人ごとじゃないんです。インディアンもそうですよ。自分の言葉、自分の国の歴史をまったく知らないで、白人がつくった教科書を使って勉強させられていた。日本の歴史教科書も同じ。

石田　日本は経済成長してそこそこの豊かさのなかで飼い慣らされているから、歴史を奪われていることの〝貧しさ〟に気づかないですませている。精神的に非常に貧しい国になってしまった。

◆中国を抑止したいならBRICSに加盟せよ

モーガン　日本がBRICSに入れば画期的なことだと思いますがいかがですか？BRICSに入る可能性は？

石田　自民党では無理でしょう。ただ政権交代したら可能なんじゃないですか。自公政権はまさにアメリカの「家畜ロボット」ですからね。参政党などの保守政党が育てば可能性は十分あると思います。

G7に属したままの行きつく先は、中国との戦争です。日本が戦場となればウクライナと同じような収奪の宿命が待ち受けるでしょう。

日本に資源はないといわれてますが、実は九州の西方にある大陸棚には膨大な原油・天然ガスが眠る「日韓共同開発海域」があります。韓国は自国の権益であるとして「第7鉱区」と呼んでいますが、2028年6月以降は共同ではなく日本のものになります。

もともとこの問題は、本来日本の海域であったのを、1969年に国連アジア極東経済委員会が、同地域の「原油埋蔵の可能性」に触れたことで始まりました。加えて、米国のシンクタンクが2004年に、サウジアラビアのガワール油田を上回る原油・天然ガスが埋蔵されている可能性があるといったことで、「産油国」になれるのではないかという期待が高まった。

なぜ共同開発になったかというと、1969年当時の国際法は、陸地との連続性が権利国となる決め手で、九州の西側に海溝がある日本は連続性がないと韓国が主張。その言い分は通ったものの、韓国には海底を探索する技術も資金もなかったため、妥協の産物として「共同開発海域」となりました。

ところが1982年に改定された国連条約では、海底の開発権限は、陸地との連続性ではなく、当事国間の中間線に変わり、共同開発の期限が切れ次第、ほぼ日本の権益になることになったのです。

しかし「世界最大の油田」となる可能性がある大陸棚も、日本が中国との戦争になれば、支援と称して進出してきたグローバル企業にその権益を持っていかれる公算が高い。ウクライナの土地を世界最大の資産運用会社であるブラックロックが持っていたのと一緒の構図です。

モーガン　前の章でも話しましたが、もし中国を抑止したいのであれば、日本はなおさらＢＲＩＣＳに加入すべきです。拝米保守は米軍が中国への抑止力となると主張しますが、裏で蔣介石を援助していた日中戦争の頃から、アメリカは一遍たりとも中国を抑止したことはありません。

それどころか反対に今の帝国化した中国共産党政権を育てたのはアメリカです。米欧のグローバル企業に日本の大企業も加わり中国へ集中的に投資したことにより「世界の工場」にまでなった。親中派だったマイケル・ピルズベリーが『China 2049』のなかで、共産党の世界征服の意図を見抜けずに中国を支援してきたことに対して後悔していたのは有名です。

日本が本当に中国を抑止したいと思うなら、現実に中国と対峙している国々、ベトナムやインドから学ぶべきです。ベトナムは何回も中国と戦争し、しかも勝っています。それこそ中国と国境紛争が絶えないインドを見習ってBRICSに入り、グループ内でコントロールすればいいのではありませんか。

中国脅威論を煽り日米同盟頼みの拝米派の論理には日本人がバカで無能だという前提があるように思え、だから私は嫌いなのです。

日本人は地政学を理解しているし、自国の強みも弱みも理解しているはずでしょう。少なくとも戦前の日本は中国大陸のことを欧米よりは熟知していました。また、ヨーロッパで何が起きているかも理解していた。そうでなければ日清・日露の戦争で勝利することはできなかったでしょう。戦闘のみならず外交力が日本に勝利をもたらしました。陸奥宗光や小村寿太郎のような優秀な外交官が日本にはいたのです。

日本がアメリカに頼るようになった歴史は戦後のわずか80年にすぎない。また、アメリカが極東アジアに関与した歴史も長くはありません。

まるで拝米保守は、中国という国がつい最近日本の隣に引っ越してきたかのように右往左往して大家《おおや》のワシントンに苦情をいってますが、本来日本のほうが、中国との歴史は長く、経験に富んでいるはずです。それなのに、中国が怖くて助けて欲しい、と声高に叫ぶ拝米保守は、歴史の本、というよりも、東アジアの地図を見たことあるのかな、といいたい。

◆中国包囲網をさりげなく構築したプーチンの手腕

石田　確かに中国を抑止するのであればBRICSのなかでロシアやインドと協調したほうが抑止になると思いますよ。ベトナムもBRICSのパートナー国です。

モーガン　中国抑止としては、私は北朝鮮に注目したいです。北朝鮮の核は日本の脅威であると同時に、間違いなく中国にも向けられています。中国の一方的な子分では全然ない。

ということは、もし日本が北朝鮮とアメリカ抜きで交渉できれば、経済や技術援助と交換に拉致問題の進展を望めるかもしれません。周知のように2024年6月、24年ぶりに北朝鮮を訪問したプーチンは金正恩と首脳会談を行ない、第三国から攻撃があった場合には、相互に支援を行なうなどとした新たな条約に署名しています。実際、ウクライナ戦争に大規模な北朝鮮軍が派遣されたことはすでに述べました。日本にとっても脅威である半面、ロシアとの関係を改善できれば日朝間の交渉も前向きに進むでしょう。北朝鮮との関係改善は潜在的に重要です。

石田 中国包囲網をさりげなく、ですが着実に構築しているのがプーチンです。ベトナム、北朝鮮と立て続けに訪問し、東南アジア外交を展開したわけですよ。その一方で、ロシアの西側であるアゼルバイジャン、イラン、インドとはBRICSのラインで中国を抑えている。もちろん経済協力のグループですが、見方を変えれば、中国包囲網ともいえます。

軍事的な話し合いを前面に出すわけじゃなくて、あくまでもお互いの経済活動を活性化させていくなかで包囲網を構築する。ロシアだけでなく、中国周辺国双方にメリットがある。しかもプーチンはそのような強《したた》かな外交をごく自然な感じでやっている。

モーガン すごいですよね。

石田 カッコいいですね。チェスマスターのようなプーチンに比べるとペンタゴンの外交は幼稚園生並み。

石田 アメリカは話し合いではなく、いきなり石投げるような真似をする。かつ罠を仕掛けるでしょ。

モーガン 中国の歴史をふりかえれば、中国の考え方は非常にビジネス的です。お互い商売がしたいと思うなら両者が儲かるようにしよう。それがいちばん基本的な考え方だと思います。

もちろんウイグルやチベットなど少数民族に対してはジェノサイドをするようなDNAを持つ国でもあります。その点、米中両国は似たところがありますが、戦前の日本人、大アジア主義を唱えた黒龍会などは、アジアを団結させることにより欧米列強の植民地から解放しようと試みたわけでしょう。アジアの人々を守りながら中国との付き合い方を模索していた。

拝米保守のようにただ中国を怖がるだけでなく、今プーチンがやっているようなことをかつての日本人はやっていた。

石田　だから、自分の国の自分の言い分というのをちゃんと維持したまま、利用できるところで中国を利用する、そういう関係をつくれるかどうかですよね。

でも中東とかアフリカの国々というのは、中国との関係は商売相手と完全に割り切って付き合ってますよ。別に中国をすごく信用して、この人たちと仲良くなりたい、一緒にやりたいと思っているわけでは決してない。

◆アフリカで日本を圧倒する中国

モーガン ワシントンはアフリカをバカにしてますが、私が知る限りアフリカのYouTuberたちのなかで中国が大好きという人はひとりもいません。そして、中国が途上国を借金漬けにする「債務の罠」を仕掛け、港湾などの重要インフラの権益を奪おうとしていることも理解しています。だから中国の賄賂漬けになったズブズブな政治家を引きずりおろして、中国ともっといい交渉ができるような政治家と交代させることも内部で行なっているのです。

フランスのように外交レベルまで乗っ取って支配するのではなくて、当事国に任せればいい。まさにBRICSのように。

石田 ただ、やはりアフリカのなかでも、アンゴラやジブチ、モルディブ、コンゴ共和国、エチオピアなど中国の金に支配されちゃった国々があります。賄賂がはびこっている。しかも中国はスピード融資だから、お金のないアフリカからしてみれば、喉から手が出るほどほしい。

返しきれないほどお金を貸してくれるわけですよ。

結局中国に重要インフラを押さえられ、イギリスやフランスがやってきた植民地政策と同じようなことが繰り返されています。

モーガン　本来、ここが日本の出番だと思いますね。ただ搾取するのではなくて、協力して一緒に発展していくやり方です。

石田　ただ現実問題として今のアフリカでは経済的に日本よりも中国の存在感のほうが圧倒してます。近年の日本人、特に若い人たちに、海外に出て何かをやる覇気がなくなっているように見えます。

モーガン　本章の冒頭に戻りますが、やっぱり私は日本人が精神的に暗殺されているというか、日本の魂が奪われているのだと思います。ワシントンは意図的に日本人の美しい心を狙って戦争をしたのです。

今もそれは続いています。そして戦後、日本人の精神を暗殺し続けてきたワシントンのヒットマンが、拝米保守で、日本人の魂を奪ってそれをワシントンに売り出してきたのが、産経新聞系の人間です。「ワシントン特派員」という肩書かもしれませんが、「魂売買ブローカー」が仕事の中身です。

◆落ちぶれた日本でもまだ期待するグローバルサウス

石田 その魂を取り戻すためには何をしたらモーガンさんはいいと思いますか?

モーガン 簡単にいえば、米軍を追い出すことだと思います。その気概を持つことが第一歩です。

石田 そのためにも正しい歴史認識が必要じゃないですか。ワシントンに植え付けられた自虐史観ではその一歩を踏み出すことはできません。

モーガンさんと渡辺惣樹先生との共著『覚醒の日米史観――捏造された正義、正当化された殺戮』(徳間書店)で書かれたような歴史を学ぶことが重要だと思いました。歴史を知らないと日本人の本当の強さというものが見えてこないんじゃないか。

日本人は何も物がいえなくて弱くて行動できない民族なんだと思い込まされている。

モーガン 日本人はダメな民族だと思っている人が何割いるかはわからないんですけれども、日本がアジア諸国に対し侵略したとか、日本の軍国主義が米英を敵に回したと思いこんでいる人は少なくないと思います。

石田 僕が行っている中東、アジア、アフリカ、ほとんどがグローバルサウスなんですよ。逆にフランスとかイギリスなどヨーロッパはほとんど行ったことがありません。アメリカは何回も行っているんですけれど、ヨーロッパの主要国にはなぜか魅かれません。

どういうわけかグローバルサウスに足が向くのですが、そういうところに行くと、日本人がいかにリスペクトされているかがよくわかるんですね。

やはり日本人が未曾有の敗戦から戦後復興を遂げてアメリカに次ぐ第2位の経済大国まで上りつめた歴史を奇跡のようなものとして捉えている。日本の戦後復興は、新興国が大きな関心を寄せているテーマです。勤勉で真面目で手先が器用で、それで世界最先端のテクノロジーを持つプロダクトをたくさんつくって「メイドインジャパン」として世界に輸出してきた。道徳心があって、義理人情があって、優しくて力持ち。「僕らのヒーローだ」というようなイメージで見られているのです。

われわれから見ればこれだけ落ちぶれた日本に、ですよ。

かつては世界を席巻した「メイドインジャパン」の家電は韓国と中国と台湾製品に取って代わられた。「半導体大国」だったはずが、国を挙げて台湾のファウンドリであるTSMC（台湾積体電路製造）の誘致を行ない、辛うじて半導体製造装置で存在感を示す程度まで落ちぶれた。1989年には企業の時価総額ランキング50位に32社もランクインしていた日本企業が今やトヨタ1社のみ。

スイスのビジネススクールの国際経営開発研究所が6月に発表した「世界競争力ランキング2024」では過去最低の38位（「経済パフォーマンス」「政府の効率性」「ビジネスの効率性」「インフラ」の4カテゴリーで評価。ちなみに1位はシンガポール、2位はスイス、3位はデンマーク）。

それでも日本はグローバルサウスからはまだまだすごいと思われているんです

僕が足を運んだ国でいえば、ベトナム、イラク、アゼルバイジャン、スーダン、ナイジェリアといった国の人たちが、日本をお手本にしていると話してくれました。たとえばアゼルバイジャン。この国は中東ではなく、トルコの東に位置するコーカサス地方の一国ですが、隣国アルメニアとの紛争が日本では報じられています。アゼルバイジャンはイスラム教を国教と定めていること、そして石油・天然ガスが国の根幹産業のひとつであることなどから、中東の国々と似た環境を持っています。

僕はアゼルバイジャンに行くと必ず国営テレビに呼ばれる。なぜなら日本の話を聴きたいからなんですね。何を話したらいいと訊くと、「何でも好きなことを喋ってくれ、全部参考になるから」といわれる。日本が何をしようとしているのか、日本人の考え方や言葉がアゼルバイジャン人の心に刺さるといいます。視聴率もぐんと上がるらしい。

それくらい世界から尊敬されている。となれば、あとは行動あるのみでしょう。世界から尊敬され慕われている民族がもし行動できたら、世界最強だと思いますよ。

モーガン　私も同じ経験があります。日本人がいろんな国でリスペクトされている。それはそうだと思います。しかし、じゃあこれからどうしようという話になると、欺瞞が始まるのです。日本が強くなるには日米同盟という道しかないと。

そうじゃない、それは絶滅への道です。

石田　独立自尊でしょう。日本という国が独立して国益をきっちりと追求し、日本国民一人ひとりが強く成長していく。これが「強くなる」ということだと思います。ワシントンに付いていくという道は日本の弱体化に通じています。

モーガン　そのとおりです。ワシントンの連中は相手に人間を求めません。動物扱いし、家畜なのです。ワシントンとの道は「いい家畜」になるだけ。

南部の人間だからこそそのことがよくわかるのです。そして南北戦争で受けた虐殺よりもはるかに残酷な原爆投下を受けたのが日本。日本人こそヤンキーの本質がわかっているはず。それなのにそのワシントンと同盟を結べという拝米保守が私には許しがたい存在です。

石田 残念ながら日本国内にはそういう人たちが大勢いる。日米同盟の堅持が大勢です。反米に見えるマスコミもいざとなるとアメリカやイスラエルが不利益になるような報道ができない。

◆CIAの〝秘密刑務所〟は日本にもある⁉

モーガン たとえばCIAの実態も日本では報道されません。その点、ヨーロッパ人はちゃんと調べています。欧州評議会の調査によると、ヨーロッパ各国にはCIAが運営する〝秘密刑務所〟があり、拷問・虐待・無許可の拘禁をしていることが暴露されています。

ラトビアとかルーマニアやポーランドの秘密刑務所にイスラム教徒を拘禁し拷問にかけた事例が多数報告されていたのです。たとえば、

「2024年3月4日：欧州人権裁判所は、現在グアンタナモ湾に拘禁されているアブド・アル・ラヒム・アル・ナシリがテロ攻撃の容疑で起訴されている別の事件について、リトアニア政府に通知した。彼は、2005年から2006年にかけて、CIAが運営するリトアニアの秘密施設に5カ月間拘禁された際、拷問、虐待、無許可の拘禁について複数の訴えを申し立てている。裁判所は、アル・ナシリ氏のCIA秘密施設への拘禁に関する他の2つの事件、2014年のポーランドに関する判決と2018年のルーマニアに関する判決ですでに判決を下している」

（「ヨーロッパのCIA秘密刑務所に対する欧州評議会の調査」欧州評議会）

私はこれを読んで日本にもCIAの秘密刑務所があるのではないかとの疑問が、頭をもたげました。

石田　日本には諜報機関もスパイ防止法もないからCIAがやり放題なのでしょうね。だから外国から〝スパイ天国〟だと舐《な》められる。日本版CIAをつくればいいんです。

モーガン　日本はCIAにとって天国ですよ。証拠はありませんが、安倍さんの暗殺もCIAの仕業ではないかと疑っています。少なくとも山上徹也の単独犯ではない。あんな手作りの〝オモチャ〟のパイプ銃で暗殺できるわけがありません。

石田 物理的につじつまが合わないことがたくさんあるといいますね。ちょっと挙げてみると、弾道が山上の撃った方向と合致しないこと、直径9ミリメートルもある鉛の弾が消えたこと、弾と傷口が一致せず死因である失血死に疑問があることなど。

モーガン ケネディ暗殺とまったく同じ構図です。オズワルドの単独犯ということになっていますが、狙撃者《そげき》はもうひとりいたといわれています。

私はケネディ大統領の暗殺はCIAの仕業ではないかと考えています。というのも、CIAにとってケネディは目障りな存在だったからです。ケネディはソビエト封じ込め政策に反対し、ベトナム戦争終結、第三世界の独立支持、反軍産複合体などCIAの方針に真っ向から反対してました。

ケネディの甥であるロバート・ケネディ・ジュニアも自著でケネディ大統領の暗殺についてCIAの犯行を疑っています（『American Values』）。

暗殺事件については、ケネディ暗殺後に新大統領になったリンドン・ジョンソンが設置した調査委員会「ウォーレン委員会」が報告書を出してますが、同委員会のメン

ジェフリー・エプスタインが私有した米バージン諸島にあるリトル・セント・ジェームズ島。通称「エプスタイン島」。写真：Splash/アフロ

バーである元ＣＩＡ長官のアレン・ダレスが報告書内容を差配していたことがバレています。

ダレスは「ピッグス湾事件」（１９６１年）で、ケネディに全面的なキューバ侵攻を決断させるために、わざとケネディが失敗するよう仕向けました。ダレスはソ連の侵攻の日程を一週間以上前に知り、カストロには知らせていたのにケネディには伝えていなかったのです。

私の故郷であるニューオーリンズの検事が事件を追究していたのですが、ものすごい抵抗に遭いました。

石田　大統領になったケネディ暗殺と９・11とジェフリー・エプスタインが大

富豪や権力者に少女売春を斡旋したエプスタイン島（リトル・セント・ジェームズ島）の真相を解明するといっていたトランプとケネディ・ジュニアが政権入りしたので、期待できますね。

モーガン それこそCIAに暗殺されないか心配です。

◆ウクライナは北朝鮮のような酷い国

モーガン 日本にはアメリカがこの国で何をやってきたか、目撃した関係者が必ずいると思います。情報を持っている人たちが。本来はそういう人たちが勇気をもって告発し、発信力のある主要マスコミがスクープ報道として流すべきなんですけど、いかんせん日本のマスコミは報道しない。

石田 そうとなるとYouTubeしかないのかもしれない。そのYouTubeでさえ検閲が入るし、ニコニコ動画もサイバー攻撃を受けてサービス停止に追い込まれた。

モーガン ２０２４年9月15日にフロリダ州のゴルフ場で起きた2回目のトランプの暗殺未遂事件。あの容疑者はウクライナで訓練し、指示を受けたのではないかと思います。「僕のお父さんをウクライナ支持者が暗殺しようとした」とトランプの息子が発言していましたから。

日本ではウクライナを民主的な素晴らしい国と報じてますが、私の目から見るとウクライナは北朝鮮のような気持ちの悪い国です。

石田　スウェーデンのストックホルムにある「民主主義・選挙支援国際研究所（IDEA）」が毎年発表している報告書『世界の民主主義の状況』があります。その2021年度版からウクライナは「中度の民主主義」のリストに加えられましたが、それまでは「脆弱《ぜいじゃく》な民主主義」と評価されていました。

「権威主義体制」→「移行（ハイブリッド）体制」→「脆弱な民主主義」→「中度の民主主義」→「完全な民主主義」との分類のうちの下から3番目。ここに分類されているのはアフガニスタンやイランで、通常「専制国家」と呼ばれている国です。

また政治家の腐敗も酷い。米軍から支援された武器をウクライナ軍の高官や政治家が横流ししていたこともCNNなどで報じられています。

モーガン　ウクライナの元カザフスタン大使は、テレビのインタビューでロシア兵に対し「われわれの主な任務は、子供たちのやることを減らすために、できるだけ多くのロシア人を殺すことだ」と挑発して有名になりました。
日本の人たちはウクライナを天使扱いしてかわいそうだと思ってますが、ゼレンスキーが各国を回っていっていることは「金をくれ」。私はいつも思うのですが、金の無心にくるのであれば、まず背広を着ろ（笑）。

石田　そうですね（笑）。

モーガン　ウクライナという国はバイデンが副大統領のときに、自分の息子がウクライナで起訴されそうになって、飛行機に乗って帰る間際のバイデンから起訴するなら支援を止めるといわれ素直に応じるような国です。

石田　僕は地方公演によく出かけるのですが、あるとき元財務省の方から辞めた理由がウクライナだったという話を聞いたことがあります。日本政府がウクライナを支援するためにゼレンスキーがどれだけ素晴らしい大統領か、いかにウクライナが素晴らしい国かというレポートをつくらなければならなくなった。そのレポートは財務省がつくるんですね。ところが、調べてみると実際は酷い国でそれを正当化することが嫌になって財務省を辞めたと話していました。
完全に詐欺じゃないですか。それに日本政府が加担している。

モーガン　震災にあった能登半島を放っておいて腐敗したウクライナへの支援を呼びかける拝米保守はいったいどういう存在なのか。ソ連時代でいえばそのような存在は間違いなく〝工作員〟です。

たとえば、元ウクライナ大使の松田邦紀氏は、は、テレビ朝日の報道番組で、ウクライナ戦争の本質をまだ理解できていないグローバルサウスの国に対して日本がウクライナ支援の意義を説明する義務があるというような話をしていて、本当に愚かだなと思いました。いったいこの人にはどこからお金が出ているのかと。

グローバルサウスの人たちはウクライナ戦争の本質を見破っているというのに、上から目線でワシントンの代わりを果たすのか。そこまで日本は成り下がっています。

石田　日本国民として見ていられないほど恥ずかしい。ウクライナもそうだし、イスラエルもそうです。ネタニヤフ政権は人を殺し続けていますが、その武器や爆弾はアメリカが送っている。しかしそれを購入するお金を支援しているのは日本です。つまり、日本が間接的にパレスチナやレバノンの人たちを殺しているといえる。

モーガン　本当に酷い話です。拝米保守は猛省すべきです。人殺しビジネスに加担するような人間は日本人ではないと思います。

◆いちばんの反日は永田町

石田 日本のことが好きで尊敬している国は多くありますが、反対に反日国は少ない。中国、韓国、北朝鮮のほかにありますか?

モーガン いちばんの反日は永田町。NHKや朝日新聞のようなプロパガンダ機関にいる「在日日本人」たちです。それからワシントン。

だから中国とか朝鮮半島とか、もちろん反日の人も多いですけど、それ以外で反日の国って僕は思い当たらないですけども、いちばん反日的なのは永田町だと思いますから。

石田 親日国ならイランもそうですしサウジアラビアもイラクもそうです。というより中東は基本的に熱烈な親日国が多い。イスラエル以外。

モーガン 100年前の話ですけれども、アメリカの黒人が日本を見てかなり期待していたのがわかることを書いてました。人種差別と真剣勝負してくれてるのが日本とエチオピアだと。私が大好きなアメリカの哲学者W・E・B・デュボイス――黒人なんですが、日本に来て初めて人間扱いされたと書いてました。平等だと。

石田　別に国籍、宗教、民族云々じゃなくて、結局人なんですよ。日本が大好きで、日本の文化とか習慣を一生懸命勉強して日本に馴染もうとしている外国人いるじゃないですか。モーガンさんもそうですけれどもね。そういう人たちなら日本人はウェルカムですよ。

その一方で、日本にやって来て、集団で犯罪を起こして、人を騙している外国人もいるけど。でも僕のまわりの外国人はモーガンさんみたいな人ばかりです。日本人以上に四字熟語を知っていたり。一生懸命日本のことを勉強して、日本人になろうとさえしている。

モーガン　内面からリスペクトしていますから。日本人になることはとうてい無理ですが。

石田　内面が変わると見た目も変わってくるんです。昔読んだ絵本で犬に育てられた猫が犬になろうとしてる話があって、ふつうに考えたら無理だけどだんだん犬っぽくなってくるんです。

それと一緒で、モーガンさんも日本人ぽくなってきてますよ。

モーガン　ニューヨーク・タイムズにかかれば、日本人のイメージはみなレイシストにされてしまいます。

あるアメリカ人が北海道に住んでいる。そのとき外国人が温泉に入ることを禁止する看板を見て「これは人種差別じゃないか」と怒って大騒ぎを起こした。日本人はみんなレイシストだと。

本当かと思い私がその詳細を調べたんです。そうしたらそのような看板を出した理由は、酔っ払ったロシア人が温泉で器物を破損したり、ちゃんと体を洗わないで温泉に入ったりと、ルール違反をやったことが原因だった。私でも出禁にします。

それを針小棒大に日本人の全員が外国人が嫌いだと拡大解釈して書いていた。

また反対に、電車に乗ったら自分の隣に日本人は誰も座ってくれないと文句をいう外国人がいます。でもそれは隣に座って英語で話しかけられると困るのでそうしないだけかもしれない。日本人はシャイだし。私はフレンドリーなアメリカ人は逆に苦手。ゴールデンレトリバーみたいな外国人は（笑）。

石田　もちろん日本人のなかにも外国人とコミュニケーションを取りたがる人もいます。

モーガン　それはそれでいいじゃないですか。ただ、たまたまひとつの現場を見ただけで、「日本人とは」と拡大解釈する人が嫌いです。

石田　繰り返しますが、日本人こそ多様性のある世俗的な社会だと思いますよ。寛容ですしね。

　でもそのなかでもやはり日本人らしさというのを常に忘れないで、日本人の魂をちゃんと残しておいてほしいなと思いますけれど。

モーガン　いい意味で世俗的かもしれないんですが、一方で日本人の信仰心は深いともいえます。「いただきます」「おかげさま」というのは、あくまで目に見えない存在に対するものです。そういう意味では、いい意味で形而上学的な存在が残っている。

石田　思想的なことよりもうちょっと低いレベルの話ですが、たとえば世界の料理のレストランがいちばんたくさんあるのは東京がダントツなようです。あまり食わず嫌いはせず、たとえば「レバノン料理屋ができたから行ってみようか」とレバノン料理を食べに行ったり、ブラジルのシュラスコを食べに行ったりと、そういう意味では世俗的で何でも一回は受け入れてみる。

モーガン　それが国民性だと思うんですよ。正倉院には世界中の宝物が集められています。ワールドワイドで、いいものはいいのだと認める国が日本です。

THE AGE OF REVENGE

第4章

「トランプ3・0」はリベンジの時代

◆トランプ2・0ではなく「トランプ3・0」

モーガン　トランプが再選して政権2期目であることを指し、「トランプ2・0」といわれてます。しかし私は、不正選挙によってバイデン政権に奪われた4年間を入れて3期目、「トランプ3・0」というのが正しいと考えます。

トランプにとってバイデン政権の4年間は不当な裁判、言論弾圧、フェイクニュースと、DSの迫害と嫌がらせを受け続けてきました。大統領選のさなかには、少なくとも2度の暗殺未遂事件がありました。1度目の事件など文字どおり九死に一生です。狙撃を紙一重でかわすことができたのは奇跡だといっていい。そして、シークレットサービスに囲まれながらもすかさず拳を突き上げて「ファイト、ファイト、ファイト!」と叫ぶあの雄姿。戦う政治家の姿として全世界に報道されましたが、台本があってもできるものではない。

アメリカ政治は確かに腐敗してますが、あのときのトランプはすごかった。

あの姿を見て思い出したのは中国の方孝孺《ほうこうじゅ》（1357〜1402）という明《みん》時代の政治家です。たとえ皇帝が相手であろうと正論を突き付ける。撤回を求められても断固拒否をし、結局死刑となるのですが、その際も、自分の血で指を濡らし「お前はフェイクの王様だ」と地面に書いて死ぬ。最後の最後まで本当のことをいい続けた。ヒーローだと思います。

明らかな不正選挙であったにもかかわらず、それを主張するトランプや支持者、知識人を「陰謀論者」と排除し続けたリベラルおよび拝米保守はどう落とし前をつけるのか。見物です。

石田 トランプ政権では極左・リベラルのウソが暴露されるでしょうね。と同時に、日本の拝米保守の罪も顕わになるでしょう。

モーガン 強烈なリベンジは始まります。

石田 モーガンさん的に表現すると「空爆」ですね（笑）。

モーガン もし私が大統領になったら、ワシントンを空爆し、CIA、FBIを空爆し、ウォール街を空爆し、メディアを空爆し、すべての大学を空爆します。そうすればアメリカはかなりよくなる（笑）。

しかし現実の私はこのペン以外は何も持ってない。ひとりでは何もできないんですが、無実の罪で収容所に投獄された高名なロシアの文学者、アレクサンドル・ソルジエニーツインがたどり着いた結論と同じことをいいたい。私はウソをつきません。いろんな人がこの世の中でウソをついては出世してるのですけれども、それはその人の問題で、自分自身はウソをつかない。

その信念はかっこいいと思う。自分の魂を売らない。自分自身に対するリスペクトがある人は他人に対してもリスペクトを持てる。

もし私に復讐ができるタイミングが回ってきたら、私はそれを摑《つか》みたいと思います。だからこの4年間ウソをつき続けた連中には、私に注意しろといいたい（笑）。

◆DSを一掃する強い政治家が必要

石田　世の中の支配階級、特権階級はみんな魂を売ってますよ。大企業もマスコミの人間も。

モーガン　本当にそうです。私はアメリカの大学のなかでそれをほぼ毎日見ていました。偉い人の意見にすぐ同調する姿を。

日本は同調圧力が強いといわれますが、アメリカはそれ以上の同調社会なんです。

日本人は空気を読みますが、魂までは売らない。魂を売り渡しているアメリカ人は多いです。

石田 でも日本でも大企業の人たちは、SDGsのドーナツバッジを、さも価値のあるものとしてつけちゃってますからね。私は何も知らないバカですといっているようなものでしょう。

青森から飛行機で羽田に帰ってきて、モノレール乗って帰るじゃないですか。そのとき第1ターミナルの駅から年配のサラリーマンが6人ほどぞろぞろって入ってきた。スーツ着てネクタイを締めて皆マスクをしているのですが、全員ドーナツバッジをつけていました。その姿がロボットのように見えて気持ちが悪かった。

なるほど、SDGsを心から促進したいという信念があって、バッジをつけマスクをしているのであればいい。そうじゃなく、会社にいわれて疑いもなくつけているところが、北朝鮮の国民のようで気色悪く感じてしまう。ただ怒りというよりは憐《あわ》れみです。

モーガン 魂はただの重荷でしかない。魂を持つということは自分で考えることです。そのことを重荷だと思って早く売りたい、この重荷を下ろしたいと思う人たちもいる。

それではＤＳの思うつぼです。

石田　ＤＳの目的は一般の国民に考えることをやめさせて、自分たちの意のままに操ることだからです。選挙にも行くな、あるいはＤＳの望む候補者に投票すればいい。実質賃金は上がらず、税金や社会保障費は上がるものの飢えることはない。ぬるま湯のような状況をつくり出す愚民政策が彼らの手段です。

モーガン　私は誤解を恐れず断言しますが、今日本に必要なのは「漢《おとこ》」、男性的な男性です。中東での指導者もプーチンもそうです。ＤＳを一掃してくれる国民の側に立つ強い指導者が必要です。

石田　モーガンさんのいう強い男の指導者は、トランプ以外ほとんどＢＲＩＣＳです。トルコのエルドアン、サウジのムハンマド皇太子、ブルキナファソのイブラヒム・トラオレ大統領もそうです。

モーガン　あとはハンガリーのオルバーン首相とか東欧にも反ＥＵで反グローバリズムの首脳がいます。

　男に限らず、女性でもリーダーシップのある強い政治家はいます。ニュージーランドのマオリ党のハナ＝ラウィティ・マイピ＝クラークという22歳の議員です。彼女は

2024年11月のニュージーランド議会で、先住民族マオリの権利を再解釈する法案に反対し法案が書かれた紙を破り、マオリ党の議員らと一緒に「ハカ」を踊って抗議したんです。ハカというのはラクビーのオールブラックスが試合前に踊ることで有名ですが、もともとマオリの儀式や戦闘に臨む際の伝統的な踊り。それを議会で踊ることで抗議した。ものすごくかっこよかったです。
日本の国会で日本国憲法を破る政治家は現れないのでしょうか。男でも女でも誰でもいい。そのようなヒーローが現れたら国民の心にも響くと思います。

石田 せめてLGBT法案のときにやってほしかったですね。それから消費税のインボイス制度とか。

◆トランプとロバート・ケネディ・ジュニアの最強タッグ

石田 トランプ3・0について話していきたい。
「トリプルレッド」で勝利したトランプがやりたい政策を存分にできるでしょう。
まず何といっても不法移民の締め出しです。メキシコとの壁をつくり、しかもその建設費をメキシコに請求する。

トランプの経済政策は、減税、2025年末に失効される「トランプ減税」の継続でしょう。超党派の「責任ある連邦予算委員会（CRPB）」の試算に基づくと、今後10年間の減税総額は10・4兆ドルになるといいます。

また脱炭素により規制されていたシェールオイル・ガスなどの資源開発を推進。民間投資も促すでしょう。

モーガン　減税はいいのですが、トランプの財政政策を見ると私が望んでいるほど「小さな政府」ではありません。政府は小さければ小さいほどいい。理想は政府自体がないことですが（笑）。

石田　トランプほど公約をまじめに実行する政治家はいません。

ところで、モーガンさんは大統領選の前から、トランプが大統領に返り咲いたらリベンジが行なわれると発言してました。つまり、トランプ3・0はトランプ「リベンジ政権」です。

このリベンジ政権のなかで誰に注目されてますか？

モーガン　私が期待している人物は、アメリカ合衆国保健福祉省長官に指名されたロ

ロバート・ケネディ・ジュニア。写真：AP/アフロ

バート・ケネディ・ジュニアです。この人はWHO（世界保健機関）を裏で操るビル・ゲイツと、40年にわたって「NIAID（国立アレルギー・感染症研究所）」のトップに君臨してきたアンソニー・ファウチが、製薬会社と一体となって大儲けしてきた「ワクチンビジネス」の闇と、その巨大ネットワークに光を当て、犯罪を暴こうとしています。そのことを告発した著書『The Real Anthony Fauci : Bill Gates, Big Pharma, and the Global War on Democracy and Public Health』はベストセラーになって、日本でも翻訳されています（『人類を裏切った男――巨大製薬会社の共謀と医療の終焉』経営科学出版）。

ロバート・ケネディ・ジュニアはもともと民主党員でリベラルだったのが、民主党のあまりの腐敗に幻滅して、今回の大統領選挙では民主・共和ではない第三党の候補者として出馬しようとしていたのを、トランプ支持に急転回した。その理由はトランプが本気でDSと戦い滅ぼそうとしているからだと思います。ワクチンという「殺人ビジネス」で大儲けしたビル・ゲイツやファウチ、父親ロバート・ケネディや伯父のジョン・F・ケネディを暗殺したDSを潰すのは、彼の悲願でもあるでしょう。

石田　ロバート・ケネディ・ジュニアは日本では「〝反ワク〟の陰謀論者」というレッテルを貼られていますが、彼が保健福祉省のトップになって、新型コロナワクチンの闇を暴けば、日本の厚労省もただではすみませんね。元デジタル相だった人もヤバいのでははないですか。

モーガン　粛清が必要ですね。天国への粛清が（笑）。

アメリカでは「プランデミック」、計画されたパンデミックという造語がありますが、ゲイツやファウチが中国と組んで計画的にパンデミックを起こし、ワクチンビジネスで大儲けしたという嫌疑がかけられています。もし事実だとしたら、世界中のおじいちゃん・おばあちゃんたちの命を奪ったわけで、許しがたい。

私はインドの風景が浮かんできます。人の死体が野に焼かれて行くあの風景です。それが世界的規模で起きた。

石田 ファウチの闇について日本のマスコミはほとんど報じていません。共犯者です。

2024年10月1日から定期接種が開始された「レプリコンワクチン（自己増殖型遺伝子注射）」が全世界で日本だけで行なわれていることに対し、「日本人を治験の実験台にするのか」と国民から多くの不安の声がでていたにもかかわらず、強行しました（※2024年12月16日にEUで販売承認勧告が採択された）。

「レプリコンワクチン」というmRNAワクチンの特徴は、少ない投与量で長持ちするというものですが、接種者の唾液の飛沫から非接種者に感染（シェディング）する恐れがあること、自己増殖に歯止めが効かなくなり、永久にスパイクタンパクのトゲが生産され続ける懸念があること、mRNAワクチンじたいが人体の遺伝情報に影響をおよぼさないという確証がないといった懸念が示されていました。

「コスタイベ」の名称で製造・販売するのはMeiji Seika ファルマですが、『私たちは売りたくない！ “危ないワクチン”販売を命じられた製薬会社現役社員の慟哭』（方丈社）という内部告発をした書籍も話題になりました。

幸い、「予定したよりも、接種者がはるかに少ない」（「『レプリコンワクチンのデマには徹底的に対抗する』、広がる不安にMeiji Seikaファルマ社長が答えた」東洋経済ONLINE）ようです。

モーガン　ロバート・ケネディ・ジュニアは不倫報道があったり、プライベートでは「変人」かもしれませんが、彼は環境弁護士として大企業と戦い続けていて、米化学大手デュポンやモンサントに勝利した実績があります。

純粋に一般国民の命を守りたい、自然を守りたいという使命感を持っている人で、それはすごくいいと思います。

石田　ロバート・ケネディ・ジュニアはワクチンに関しては当初関心はなかったようですね。それがある国民から相談を受けて、調べているうちに大問題であることを知って、今では第一人者のような存在になっています。

ということは一般国民の声に耳を傾ける能力があるわけでしょう。

モーガン　真実を求める意志が強いのだと思います。この世の中でいちばん強いのは真実と母性です。

ロバート・ケネディ・ジュニアは男のなかの男。つまり、家族を守りたい、まわりの人を守りたいという人間です。

◆「FBI本部をDSの博物館にする」

モーガン　それから期待したいのは、トランプによってFBI長官に指名されたカシュ・パテル。インド系アメリカ人でヒンズー教徒の弁護士。トランプに心酔しトランプからの信頼も篤い。トランプ1・0の終盤にはCIA副長官代理を務め、ダマスカスへ密使として派遣され人質解放の交渉にあたっています。

選挙戦では一貫してトランプを支持し、「ワシントンのFBI本部を解体し、モグラを叩きだせ」と主張。FBI長官になった暁《あかつき》には「初日にFBI本部ビルを閉鎖し、翌日に『ディープステート』の博物館として再オープンさせる」と過激で面白い発言をしています。ポーランドのワルシャワにあるソ連が立てた遺物「文化科学宮殿」のような扱いです。日本も首相官邸をDSミュージアムにすればいい（笑）。

パテルこそはこれまでワシントンで春を謳歌《おうか》し、権限を濫用《らんよう》、私物化して法律や司法制度を武器としてトランプを不当に苦しめてきたDSにリベンジを果たすにふさわ

カシュ・パテル。写真：ロイター／アフロ

しい人物です。

パテルが2023年に出版した「Government Gangsters: The Deep State, the truth, and the Battle for Our Democracy」で粛清の対象として名指しで挙げられているのは、バイデン、カマラ・ハリス、ヒラリー・クリントン、メリック・ガーランド（司法長官）といった民主党員のお馴染みのメンバーや、ウィリアム・バー（元司法長官）、ジョン・ボルトン（元国家安全保障担当大統領補佐官）など〝裏切り者〟の共和党員も含む61人。

また、パテルは、ITを駆使したFBIには7000人もの職員は不要で、大幅削減すべきだと提言しています。ただしFBIに残すべき人材である有能な情報スペシャリストのなかにいるDSは一網打尽にする。

当然、FBIは死に物狂いに抵抗してくるでしょう。

◆イーロン・マスクの「DOGE」は期待大

石田 イーロン・マスクはどうですか? 新設された「政府効率化省(DOGE)」のトップに指名されましたが。

モーガン 「DOGE」って命名は面白いですね。偶然かどうかはわかりませんが、柴犬がマークの暗号資産「DOGEコイン」と同じ「ドージ」。そのような遊び心はいいですね。

マスクについては正直なところ、数年前まではただの詐欺師だと思ってました。EV=電気自動車を推進したり。実業家でもなく、ただ資本を集めて金儲けしたいがために政府に近づいた人だと。

でも、彼がTwitter(現X)を買収して、ツイートの情報を見たら、アメリカの実体がよくわかったのだと思います。大統領であるトランプがいかに言論統制されていたかを。以来、「言論の自由」を守る価値を強くいい始めました。

トランプに約2億5900万ドル（約390億円）もの巨額な献金をしています。マスクが主張しているのは、政府職員の80％を解雇、教育省の廃止、FRB（連邦準備制度）は違憲など正しい政策ばかり。教育省の廃止というのは、教育に関しては中央集権をやめて、州ごとに任せるということです。LGBT教育や民族・人種・性別などの差別に苦しむ「社会的弱者」を解消せよとする「アファーマティブ・アクション」などの極左教育の撤回を意味します。

また「FRBは違憲」は米中央銀行であるFRBの縮小および廃止を狙うものです。マスクは中央銀行が市場に与える大きな影響を問題視し、より自由な市場を求めてFRBの影響力の低下をもくろんでいるのです。DSである国際金融資本の力を弱体化することにもつながります。

DOGEのもうひとりのトップである起業家のビベック・ラマスワミ氏とともに、ぜひとも成し遂げてほしい。

◆「ビットコイン大国」の狙い

石田　ＦＲＢに関連することですが、トランプとマスクが「ビットコイン大国」を打ち上げて、価格が急上昇しております。この政策についてモーガンさんはどう見てますか？

まず、僕の見解をいうと、成功するかどうかはともかく、新たな可能性を探るという意味ではとても前向きな政策だと思います。未来を見ていますよね。

ビットコインの価値が上がれば相対的に基軸通貨ドルの地位を低下させることになりますが、アメリカ国内輸出産業を取り戻したいトランプにとっては適度のドル安は歓迎です。アメリカの国内産業の復活こそ最優先課題ですからね。

モーガン　ＢＲＩＣＳが先頭に立っている「脱ドル運動」への牽制も兼ねていると思いますが、ビットコイン大国政策は、根本的に矛盾していると思います。

暗号資産は、そもそも「悪貨は良貨を駆逐する」というグレシャムの法則の一環で理解したほうがスッキリすると考えております。

この場合、米ドルは「悪貨」であり、ＦＲＢの「偽造紙幣」とでもいうべきものです。その悪貨が金本位制という金に裏打ちされた「良貨」を市場から追い出し、基軸通貨として世界のマネーを牛耳っているのが今の状況なんですね。

ビットコインの信用の裏付けとなるブロックチェーン技術は、通貨に金本位と同じような規律や道徳を取り戻そうとしている技術だと思います。

ですからビットコインは基本的に中央銀行を要しない〝反国家的〟な技術ですが、皮肉なことに、その致命的な欠点は、国家の法律による取り締まりがないと、通貨としての信頼が得られない傾向があることです。ビットコインの価格が乱高下したことはまだ記憶に新しいでしょう。

これは私の考えにすぎませんが、国家から離れた通貨として流通しようとしたビットコインは、政治的な側面がないからこそ、本当のマネーたりえないのです。

ビットコイン大国という壮大な計画には、FRBから通貨のコントロールを奪いマスクなどの「テック・タイタン（テクノロジー業界の大物）」が新FRBとして取って代わろうという野望があると思われます。

典型的な「regulatory capture」、つまり、法律、条例、規制など政府の力を使って、政府でもない動きや組織を政府の支配下に入れる取り組みです。

しかし結局、ビットコインはもし「BRICS通貨」ができたとしたら、競争できないと思います。

なぜかというと、ドルが世界の基軸通貨になったことで、ワシントンはこれが政治的通貨である本質を忘却することができたのですが、BRICSの国々からすれば、ドルであろうがビットコインであろうが、まぎれもなくワシントンの政治通貨です。BRICSが脱ワシントンを求めている以上それは止まらない。

◆トランプ復活を中東諸国は歓迎

モーガン　トランプが大統領に返り咲いたことへの中東の反応はおおむね歓迎しているのではありませんか？

石田　そうですね。というのも、4年前にバイデンが大統領になったとき評判が悪すぎたから。サウジアラビアのアラブニュースが「バイデンが大統領になったら中東はどうなりますか？」という世論調査を実施し、アラブ諸国21カ国８０００人ぐらいの老若男女に対し電話調査をした。

すると「中東は火の海になる」という答えが6割を占めて、実際そのとおりになった。なぜアラブの人たちがバイデンは戦争を起こすだろうと考えたかというと、バイデンがオバマ政権の副大統領だったときに中東はあちこちで戦争を引き起こされていたからです。「アラブの春」もイエメン内戦もシリア内戦も、イラク戦争の戦後処理もすべて。

そのときの副大統領が大統領になったらヤバいということがよくわかっていたのです。

一方、トランプ政権時には戦争が起きなかった。それがもう1回戻ってくるということで、トランプ復活は基本的にはウェルカムですよ。

トランプは自分本位で下品でエキセントリックな人物像であり、大統領選は「接戦」と報じられてきた日本とはまったく違う見方を中東の人たちがしていたことを、日本人には知ってもらいたいですね。

「アラブ」というのはアラブ人だから、パレスチナもサウジアラビアもエジプトも、みんな同じ民族です。その同じ民族がガザでイスラエル軍の攻撃により約1年で4万5000人以上殺されている。日本に置き換えると、戦争でとある県の人たちが大量殺戮されたら同胞として許せないと思うはずです。それと一緒。国は違えど同じ民族という感覚がアラブ人にはあるのが自然なこと。

だから、「パレスチナの大義」という言葉があるんです。パレスチナ国家の主権を守り、パレスチナ人の主権を守らなければイスラエルを国として認めることはできないという。

モーガン アメリカの「州」や中国の「省」とは違いますね。それらを日本の都道府県の〝違い〟くらいの差しかないと思われてますが、それこそ両国内では「外国」くらいの差があります。そういう意味ではアラブ諸国のほうが国というよりは県に近いらいの差があります。そういう意味ではアラブ諸国のほうが国というよりは県に近い感じかもしれない。

石田 同じ民族の運命共同体という感覚がありますから。アラブ21カ国は、みんなアラブ人で、イスラム教スンニ派が圧倒的多数で、アラビア語をしゃべる。たまたま生まれた国が違うというだけです。

しかもその国境線だって地域によっては前述のようにイギリスが「サイクス・ピコ協定」により勝手に引いたものにすぎません。まったくイギリスこそ、今の中東の混乱を招いた張本人。1915年に締結された「フサイン＝マクマホン協定」は、イギリスが戦争に勝ったらパレスチナという土地にアラブ人の国をつくるという、約束でした。

その一方で、１９１７年の「バルフォア宣言」では、イギリスが勝ったら、イスラエルというユダヤ人の国をつくると約束した。

だから戦争が終わると、約束されたアラブ人もユダヤ人も、イスラエル・パレスチナ周辺に戻ってきた。もともとこの地域に暮らす人の約80％を占めるアラブ人を追い出し、ユダヤ人はイスラエルという国を建国した。以来、中東でアラブ人はイスラエルとの戦争に巻き込まれることになります。

そして「サイクス・ピコ協定」で最も大きな被害を受けたのが、クルド人でした。世界最大の、国を持たない民族といわれるクルド人は、自分たちが住んでいた地域を戦勝国によって分断されたため、４５００万人いたとされるクルド人は、バラバラになってしまうのです。

その結果、彼らはトルコでもシリアでもイラクでも少数民族扱い。権利を得ることができなくなってしまいました。弾圧されていくなかで、自分たちの国をつくると組織化されたのが過激派の「クルディスタン労働者党」であり、日本の川口市におけるクルド人問題へと続いていく。
アメリカも悪いですがイギリスも悪い。

モーガン　パレスチナの方々が世界の舞台で発表するときに訴えるのは、「何で私たちだけ殺していいのですか?」。最近みたニュースですが、あるパレスチナの代表が全世界には国際法が2つあるのかと訴えていました。国際法では非戦闘員である民間人の虐殺は禁止されているはずなのに、イスラエルはそれが許されるのか。なぜあなたたちは黙って何もしないのかと。

石田　完全にダブルスタンダード。

モーガン　虐殺されているのが白人だったら大騒ぎになっていたはずです。同じ人間でしょうとふつうなら思いますが、そうじゃない輩がいる。

石田　実際、イスラエルのネタニヤフ政権は、アラブ人のことを「ヒューマンアニマル」と呼んでますよ。人間の皮を被った動物であり、殺してもいいのだと公言している（「イスラエル国防相、『動物のような人間』との戦い　ハマスへ報復受け」朝日デジタル、2023年10月10日）。

誤解してほしくないのはイスラエル人全員がそう思っているということではありま

せん。ネタニヤフ政権の一部のシオニストの過激派です。

モーガン　イランの元大統領であるアフマディネジャドがイスラエルを地図から抹殺すると発言した際にバッシングを受けたのとは対照的です。問題発言だと報道されることもほとんどなく、明らかにイスラエルを特別扱いしている。

◆イラン・イスラエル戦争は終わらない

モーガン　第一次トランプ政権では「アブラハム合意」が行なわれました。これは2020年9月、イスラエル、UAE、バーレーンの3カ国がアメリカのホワイトハウスで「相互理解と共存、信教の自由を含む人間の尊厳と自由の尊重に基づいて、中東と世界の平和を維持し強化することの重要性」の認識を明記した「アブラハム合意宣言」に署名したことを指します。これによってUAEとバーレーンはイスラエルとの国交正常化を果たしました。

石田　アブラハム合意の「アブラハム」は、アラブ人とユダヤ人の共通の父祖と信じられている人です。だから不毛な争いはやめて仲よくやろう、ということです。

モーガン トランプに戻ったのでアブラハム合意の流れに戻り、イラン・イスラエル戦争も収束の方向に向かうのではないかという期待がありますが、どうですか？

石田 正直わからないですね。イスラエル次第とはいえますが、当時と今では同じネタニヤフ政権でも中身が違う。現在の第六次ネタニヤフ政権は超過激なシオニストが連立与党に組み込まれていて、ネタニヤフは弱みを握られています。

財務大臣と国家安全保障大臣と法務大臣の3人がシオニストで、こいつらがネタニヤフをコントロールしている。アブラハム合意の頃の第五次政権はもうちょっとマイルドでした。

モーガン 現ネタニヤフ政権は最高裁判所の司法制度改悪を進めようとしてますね。つまり、司法の独立を破り、行政の下に最高裁を置こうとしている。これはおかしい。

石田 そうです。ネタニヤフは逮捕されないために今の連立与党を組んだようなものなので、司法をコントロールできるようにしたい。三権分立が侵されることに対してイスラエル国民は大反対しています。ネタニヤフにとっては逮捕されないこともあるけど、それと同時に、戦争を起こし継続するためには独裁政権が必要なのです。

モーガン 戦争が始まった23年の10月から企画していたということですか？

2024年12月9日、エルサレムでの記者会でスピーチするベンヤミン・ネタニヤフ首相（イスラエル）。写真：代表撮影／ロイター／アフロ

石田　それは間違いないことだと思います。ただ証拠はない。モサドは絶対に証拠を残さないでしょう。ハマスの奇襲攻撃によって火ぶたは切られたのですが、モサドが知らないはずはない。真珠湾のような自作自演。いずれにせよ、それによってイスラエルが大規模反撃をする正当な理由ができたわけです。

「ハマスはテロリストだ、こいつらを全員殲滅《せんめつ》しなければならない」とイスラエルがいって世界から喝采を受けた。

だからトランプとはいえども戦争を収束にもっていくのは容易ではありません。

モーガン　ＣＩＡがトランプのいうことを聞くかどうかはわかりませんが、戦争を止めるために、CIAを使ってネタニヤフを暗殺するかと思いました。

石田　トランプは戦争を止めたい。その一方で、戦争を続けたいのがDSです。どんどん武器も売れるし。トランプはDSを潰して戦争も終わらせたいといっているので、戦争を終わらせるにはネタニヤフの身の安全を確保するか、あるいはおっしゃるとおりネタニヤフを消しちゃうかの2つですね。

モーガン　後者の気がしますね。イスラエル国民もそれを望んでいるのではありませんか。

石田　イスラエル国民の75％は戦争反対です。ただ残りの25％はシオニストのサポーター、つまり「入植地」出身のイスラエル人。前述のネタニヤフ政権の3閣僚も入植地出身なんですよ。

イスラエル建国以来七十数年続くヨルダン川西岸地区の入植地で生まれ育った第2世代のイスラエル人にとっては故郷だから、そこをパレスチナに渡すとは何事だという発想になるのです。

そういう人たちが25％はいる。だから複雑なんです。

モーガン　イスラエルは人質もたくさんとられていますが、イスラエル国民は戦争と人質問題は別と考えているのですか？

石田　75％の国民は人質の身の安全の確保を最優先に考えています。そのためには停戦交渉をしないといけないから戦争をやめろと判断しています。でも25％のシオニストはテロリストの殲滅が最優先となる。それの行きつく先が「グレーターイスラエル」。旧約聖書に書かれた「約束の地」、カナン。ナイル川とユーフラテス川までの広大な地をユダヤ人の国家として建設するというあの思想です。

旧約聖書によれば、そこにいる先住民族を全部滅ぼしていいと書いてあるし、聖書のとおりに世の中が動くんだと彼らは思っている。動かなければ自分たちが動かすという思想だから。

でもほとんどのイスラエル人はそんなこと考えていません。僕も何人か友達がいるけど、パレスチナ人とも仲良くやりたいし、パレスチナ人を雇ってお店とか工場を経営している人もたくさんいます。そういう人たちが戦争を望むはずがありません。

モーガン　もう10年以上前の話ですが、イスラエルのハイファ大学で国際法のプログラムがあって、ひと月ほど滞在したことがあります。そのとき強く感じたのは、イスラエルはふつうの国だなということです。人種とか宗教の対立というのはなくて世俗的なところだという印象。

エルサレムに着いて最初はアラブ地区で散歩するのは恐かったのですが、アラブ人に親切にしてもらったし、私がイメージしていたような反イスラエルということもなくて平和的な国だと思いました。

反対にバリバリのシオニストはユダヤ人ではない私たちのことをかなり嫌っている印象を持ちました。

石田　原理主義のユダヤ人はユダヤ人以外は騙してもいいという発想です。アラブ諸国もそうですが、どこの国も原理主義は非常に排他的でしょう。イスラム教もキリスト教も原理主義は恐い。日本だってオウム真理教は恐かった。

しかしメディアが報じるのはそのような1割に満たない原理主義者＝テロリストばかり。オウム真理教が日本人を代表しているかのような報道を海外でされたらおかしいと思うでしょう。それが日本人の「イスラム恐い」のイメージを助長していて問題だと思います。

◆泥沼のシリアの行方

モーガン　シリアのアサド政権が「反政府勢力」に倒されたことについて、カズさんはどう見ますか？　ただでさえ混乱している中東が火の海になるのではないかと心配です。

石田　もともとシリアという国は、中東の〝火種〟がすべて集まったような国です。国民の7割がスンニ派ですが、権力はシーア派の「アラウィー派」が握っている。アラウィー派が人口の約1割強。同じくらいの割合で、クルド人と、キリスト教徒がいます。クルド人は弾圧され、市民権を否定され、公教育を受けられず、まともな職に就くことさえできません。当然、クルド人は「反政府勢力」の一翼を担っています。

スンニ派vs.シーア派、アラブvs.イスラエル、ペルシアvs.アラブ、キリスト教徒とアラウィー派の蜜月など、国内の対立に加え、イラン、サウジ、トルコ、イスラエルの中東主要国が手を伸ばしています。これにロシアとアメリカの対立が重なる。

しかも、国家単位ではなく、レバノンヒズボラやハマス、HTS（ハヤト・タハリール・アル・シャーム。旧ヌスラ戦線）などイスラム過激派が入り込んでいる。

シリアのダマスカスにあるジョバー地区の破壊された建物(2024年12月21日)。写真:AP/アフロ

こうした群雄割拠の状況をロシアやイランの後ろ盾を得ながらなんとか抑えていたのが、アサド政権です。しかし14年間も内戦が続き、国家をまとめることのできないアサドをロシアは諦めたともいえるでしょう。

現時点では予断を許しませんが、イラクと同じかそれより悲惨な状況になりかねないでしょうね。

モーガン ロシアのラブロフ外相は2024年12月にロシアを訪問したタッカー・カールソンのインタビューに対し、シリア情勢に関してアメリカを非難しています。

アメリカの外交政策は、いつも「問題

を起こして、泥水のなかで魚を釣れるかどうか試すことに動機づけられてきた」。

　ほとんどが同じパターンで、アメリカは何らかの問題を引き起こしてからどう利用するかを考えていると。

　また、シリアの状況を次のように解説します。


「この危機が始まったとき、私たちは合意を交わしていました。私たちはアスタナ・プロセス（ロシア、トルコ、イラン）を組織しました。私たちは定期的に会合を開いています。ゲームのルールは、シリア人が互いに和解するのを助け、分離主義者の脅威が強まるのを防ぐことだ。アメリカがシリア東部で行なっているのはまさにそれであり、彼らは石油や穀物の販売による利益、つまり彼らが占有している資源を使ってクルド人分離主義者を育てているのです。

　プレーヤーの有用な組み合わせです。私たちは非常に懸念しています。そして、アレッポとその周辺でこれが起こったとき、私はトルコの外務大臣およびイランの同僚と話をしました。この国際会議の合間にドーハで。イドリブ地域の協定の厳格な実施に戻る必要性について話し合いたい。

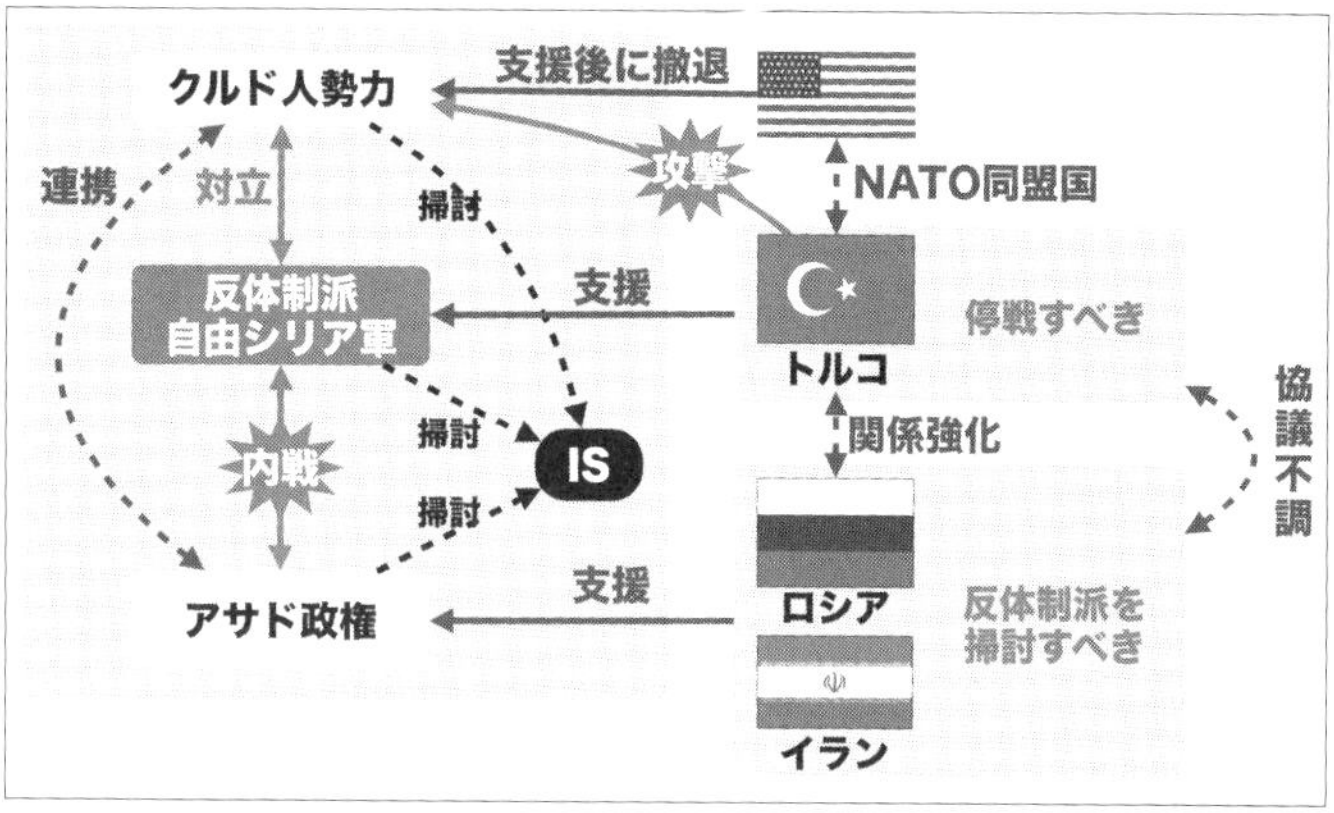

シリア・アサド政権をめぐる勢力図

なぜなら、イドリブの緊張緩和地帯は、テロリストがアレッポを占領するために移動した場所だったからです。２０１９年と２０２０年に達した取り決めでは、トルコの友人がイドリブの緊張緩和地帯の状況をコントロールし、ＨＴＳを反政府勢力から分離することになっています。

反政府勢力は非テロリストであり、トルコと協力しています。

もうひとつの合意は、ダマスカスからアレッポまでのＭ５ルートの開通でしたが、これも現在テロリストに完全に占拠されています」（YouTube動画「Exclusive: Russian Foreign Minister Sergey Lavrov Describes the War With the US and How to End It」）

そしてラブロフはシリアの「テロリスト」を支援している国としてアメリカ、イギリスが挙げられている情報があること、悪化したのはイスラエルの望んだ状況だと指摘する声もあることを紹介しています。

◆トランプ3・0に逆行する日本政府は大丈夫か

石田　トランプ政権にとってDS潰しはいちばんの命題ですけれども、問題は日本です。中国への輸出禁止や関税などへの対応をトランプ政権は日本政府や日本企業に当然厳しく求めてきます。防衛費のアップなど自衛隊の対米依存の縮小もそうでしょう。同様に対DSへの対応を間違えれば、つまり日本がこのまま変わらなければ崩壊してしまいますよ。

安全保障からエネルギー政策、経済政策など180度といっていいほどアメリカが変わるというのに、今の日本政府に準備ができているようには見えない。

トランプがウクライナ戦争を停戦にもっていこうとしているときに、ウクライナを訪問した外務大臣が支援の継続を約束してきたりする。

トランプが望むのは、減税、言論の自由、そしてアメリカ国内の経済産業を活性化させるためのドル安。ところが日本政府が行うのはそれと真逆の増税、SNSなどへの言論統制、インボイスなど国内産業を衰退させる政策です。

場合によっては消費税を上げるとかいっているんだけど、消費税増税というのは輸出業者優遇政策という側面があります。輸出した際にかかるはずの消費税が免除されるから。つまり、円安と同じように輸出業者にメリットがあるのです。

モーガン　百歩譲って経済政策などは日本とアメリカの状況が一緒ではないので、トランプの路線に合わせる必要はありませんが、外交・安全保障の関わるものはそうでしょうね。

石田　トランプから見れば日本はDS側に立っているように見える、つまり敵ですよ。

これはまだうわさレベルの話ですが、元CIA職員だったエドワード・スノーデン。NSC（アメリカ国家安全保障会議）が、各国に電話やネット上のほとんどあらゆる活動を完全に記録・保存できる「大量監視システム」を開発配備していると暴露した男ですが、アメリカに戻り、トランプ政権入りするという話があります。

しかも、重要なのは、トランプが「日本対策省」を新設してそのトップにスノーデンをつけるということです。スノーデンは日本の政府やNHKなどのマスコミに対しても痛烈に批判をしていました。権力に忖度《そんたく》する報道は報道とはいわないと。DSの飼い犬となっている日本の政治家や主流メディアを監視するのが日本対策省の役割です。DSの意のままに報道を垂れ流す日本のメディアこそトランプの敵だということです。

もちろん真偽のほどは定かではありませんが、このようなうわさが立つほど日本の政治家とメディアは酷いということでしょう。

モーガン　もし私がトランプ側近と会談することができたとしたら、日本政府を敵視したほうがいいと伝えたい。日本国ではなく日本政府。日本国、日本人のために、永田町を潰さなければならない。日本政府への影響はワシントンよりもDSのほうが強いかもしれません。

自民党の戦後体制――敗戦利得者、『月刊拝米』や『ポダム新聞』は全部敵だと。原爆投下や東京大空襲など日本の国土と人命を踏みにじった相手に対し復讐をしようとも思わない政治家だから拉致問題の解決もできない。11月24日に官房長官兼拉致問題担当相の林芳正が、鳥取県米子市を訪れ、1977年に拉致された松本京子さんの被害現場周辺を視察していたのですが、微笑みながら会見をしていた。拉致被害者の家族の前でよくそんな顔ができるなと怒りがこみ上げてきました。

彼は靖国に行って英霊に手を合わせることもしない。日本人ではないと思います。日本保守党はトランプに拉致問題解決のために北朝鮮に圧力をかけてもらうと息巻いてますが、自国の問題を他国のトップに委ねることじたいが大間違い。

石田 アメリカからしたら拉致問題は優先順位でいったら下です。自国のことではないのだから当然でしょ。「自分で北朝鮮と交渉しなさい」といわれて終了です。

モーガン 政治家として本気で解決したいなら勇気をもって北朝鮮に乗り込んでみろよと。

横田早紀江さんたちは、朝起きて、今日こそ帰ってくるかなと思ってるうちに日が暮れて、ああ今日も帰ってこなかった、という毎日を45年以上も送っている。その心情を考えてもらいたい。その心の問題をワシントンの対日カードのひとつに変えたのが日本の拝米保守。外国人の私にいわれたくないでしょうけど、日本人失格です。

◆内部情報を暴露する「日本のスノーデン」が必要

石田　かつて「一億総中流」といわれ厚い中間層が支えていた日本経済が失われた30年を経て、今や働き盛りの40代の3割が貯金ゼロ、非正規雇用で未婚だという悲惨な状況になっています。日本はここまで低迷してしまった。

モーガン　最近読んだ本に松居和さんの『ママがいい――母子分離に拍車をかける保育政策のゆくえ』（グッドブックス）があります。母親の社会進出をしやすくするためにゼロ歳児から保育園に行けるように民間を保育ビジネスに参入しやすいように法改正した結果、母子断絶が起こっていることへ警鐘を鳴らした本です。「ママがいい！」というタイトルの言葉は、ゼロ歳児から保育園で育った子供は「ママがいい！」とはいわなくなるという事実を示したものなのです。

結局、政府の愚かな政策によって母子断絶という悲惨なことが起きている。悪いのはやはり政府です。

石田　日本は変わらなければならないと先に述べましたが、自民党はまったく変わる気がないことがわかったのが10月に行なわれた衆議院解散選挙です。２０２５年７月に行なわれる参院選挙、ひょっとすると衆参同時選挙になるかもしれませんが、日本が変わる第一歩になると思います。そのときがリベンジの秋《とき》です。

モーガン 日本を変えるためにも日本のスノーデンが必要です。日本政府がDSの支配下にあるという内部情報を持っている人間が必ずいるはず。

石田 モーガンさんがそうですよ。DSと戦っていて、日本の言論人は勇気をもらっていると思います。僕がそうですから。

日本のスノーデンがモーガンさんであり、チャンネル桜の水島総社長や原口一博衆議院議員であり、及川幸久さんです。

モーガン 私は内部情報は持っていませんが、なるほどカズさんも含めてそうかもしれません。

私は英霊から勇気をもらっています。日本が独立したら私は舞台から去り図書館に戻ります（笑）。ひっそりと研究をして、そして田舎で教育に携われたらいいです。

私の故郷であるルイジアナにはかなり愛着があります。ミシシッピやテネシー、アラバマには。でも私が子供だったときにあった町の姿はもうない。今、行っても心が痛むだけなんです。だから日本にいるんです。日本の人たちにも私と同じような悲しい思いはしてほしくない。祈るような気持ちです。

◆兵庫県知事選挙後も続く「終わったメディア」の悪あがき

モーガン　日本のメディアは本当に酷くて、米大統領選の最中にイーロン・マスクがXでアメリカ国民でない人が不正に投票していると、ちょっと調べればわかる事実をポストしたら、米メディアが「フェイクニュース」と報じた。すると日本のNHKはそれをコピペしたような内容を報じたうえに、マスクは要注意人物であるというようなおまけの論評まで加える。本当によくないと思います。

兵庫県の斎藤元彦知事への〝パワハラ・おねだり〟報道では私もすっかり騙されました。斎藤さんを酷い知事だと思いこんでいましたが、選挙戦の途中からSNSなどを見てどうもこれはおかしいことに気づきました。

兵庫県知事選で111万3911票を獲得しての大逆転勝利をおさめた斎藤さんに対して、オールドメディアはSNS戦略の勝利とか、SNSでデマが拡散したと問題を矮小化《わいしょう》したり、すり替えようとしていますが、違う。あれだけメディアや政界から連日のように大バッシングを受け、与野党が入り乱れる議会で起こるはずのない全会一致による不信任を議決されたのに、議会を巻き込んでの解散もせず、失職を選び、たったひとりで出直し選挙を行なった一本気な姿に感動したから人が集まってきたのでしょう。

現に彼は、選挙演説でも自分が知事として3年間に行なった〝実績〟と自分のやり方の反省をとうとうと述べただけで、反斎藤派の議会の批判もしなければ他候補の悪口をいうこともなかった。斎藤さんに票を入れた理由の1位は政策であり2位が人柄であるとのアンケートを見ても、県民は見るべきものをちゃんと見ていたわけです。

それをオールドメディアはSNSのデマに騙されたことにしたい。卑怯だと思います。

悪あがきはいまだに続いていて公職選挙法違反などでなんとか斎藤知事を引きずりおろそうとしてますが、安倍政権のときのモリカケの二の轍《てつ》を踏む結果に終わるでしょう。結局「メディア敗北」の歴史のページを1枚増やすだけ。

石田 メディアの報道は下手したら外交問題に発展するケースもあります。2024年5月に、サウジアラビアのムハンマド皇太子が訪日するスケジュールがあったのが、突如キャンセルされた。表向きの理由は国王の体調不良とされましたが、私の友人であるサウジアラビアの宗教庁の役人によると、NHKが自社ホームページに書いた皇太子訪日の記事に続いて、ジャーナリストのカショギ殺害事件（2018年）に皇太子が関与したというような訪日とは関係のないような記事をわざわざ載せているのを見て、日本側が歓迎していないと判断したのが理由だというのです。

NHKは曲がりなりにも国営放送ですから、その報道は海外にも影響力を持ちます。知らないところで外交上の機会損失をしている可能性がありますよ。

モーガン　8月に、NHKのラジオ国際放送などの中国語ニュースで、中国人男性スタッフが尖閣諸島を「中国の領土」といい出し、さらに英語で「南京大虐殺を忘れるな」など原稿にない発言をした問題が大騒ぎになりました。

私はこのニュースを見て、なるほどNHKというのは事件を報道するのではなく、毎日のように日本を貶《おとし》める事件をつくりだしている報道機関なのだなと納得しました。要するにフェイクニュースの報道と作製のサイクルがNHKの仕事なのだと。

石田　だから洗脳なんですよ。報道ではなく世論を自分たちでコントロールする。

モーガン　カショギというのはサウジの反体制派ジャーナリストであり、CIAの匂いがプンプンします。

ロシアではプーチンの宿敵とされ北極圏の刑務所で2024年2月に死亡したアレクセイ・ナワリヌイもCIAが絡んでいる。彼はロシアでも5年以内に「アラブの春」が起きると述べていたといいます（2012年）。

石田 サウジおよびムハンマド皇太子を貶めるときはカショギ、ロシアおよびプーチンを貶めるときはナワリヌイの名前が挙げられる。非常にわかりやすい。

◆なぜ歴史なのか

石田 モーガンさんは常々おっしゃってますけれど、メディアに洗脳されないためにも、歴史認識は重要ですね。そういうこともあって歴史学者をやっているのですか？

モーガン 私が歴史に興味を持ったのは、もともと分析するのが好きなんですけれども、生きてる人との付き合いは苦手なこともあって、歴史上の死んでいる人との付き合いが好きだったんです（笑）。

ニュースを分析するのも好きですが、歴史のように何百年もかけて少しずつ大きなことが動いてるのを見るとシンフォニーのように感じて美しいのです。

石田　誰がいっていたのかは忘れましたが、歴史とはどんな学問かといったら、歴史を知ることは人を知ることだと。人が話してきた一言一言や、行動によって未来が変わっていく。しかもそれが繰り返される。

だからいろんな学問があるけど、やっぱり歴史学というのは、大人になってからいちばん役に立つ学問だなと思って。だから僕は子供に歴史への興味を持ってもらいたくて、今教えているところです。

モーガン　そうおっしゃっていただいて嬉しいです。というのも、私は歴史は役に立たない学問だなと思っていたところなので。誰も読んでくれないから。

石田　でも読めば役に立ちますよね。確かに世の中人それぞれ関心ごとが違うから、歴史に関心のない人がいてもいい。でも何かをきっかけに歴史の面白さに目覚めることはあると思います。

たとえば僕はこの間、佐賀県に行ったのですが、佐賀の幕末明治の歴史は明治政府によって消されている。だから歴史の教科書にほとんど記述がありません。

でも現地に行っていろんな史跡で歴史の説明を聴くと、幕末の佐賀藩は実は日本をリードする最先端の軍事技術や洋学を持っていた。

なぜ佐賀が発達していたかというと、江戸時代の鎖国下にあって、唯一の交易の場が長崎の出島で、佐賀藩は長崎の警備を福岡藩と1年ごとに交互に行なっていたため、最先端の学問や兵器を輸入できる環境にあったからです。

たとえばペリーが来航した1853年、自力で大砲を製造できたのは佐賀藩だけでした。だから江戸幕府はあの〝お台場〟こと江戸品川の台場に配備するための大砲の製造を佐賀藩に依頼しています。戊辰《ぼしん》戦争で有名なアームストロング砲も佐賀藩のものです。

佐賀鍋島藩主の鍋島直正《なおまさ》は開明的な人で多くの優秀な人材を輩出しました。明治の新政府が行った改革、廃藩置県、学制発布、徴兵令、郵便制度、貨幣制度改革、身分差別の撤廃、人身売買の禁止、太陽暦の採用、地租改正など、佐賀藩出身の江藤新平と大隈重信が大きく貢献していた。

大隈重信といえば、早稲田大学の前身である東京専門学校を創設し、その教育システムを全国に普及させていますが、幕末の佐賀藩は教育システムも充実していたといいます。

科学技術研究のための精錬所を持っていたし、朱子学の弘道館、洋学の蘭学寮、医学寮のほか海軍学寮などなど。このように佐賀藩は優秀な人材をかかえ科学技術や軍事技術も優れていました。だから歴史から消された。

モーガン　なるほど、日本国内で佐賀藩の歴史が消されたように、日本の歴史がワシントンから消された。日本が強い国、優れている国、才能のある国、動く国、対等敵になる国だから恐ろしかった。

◆国家ではなく「われわれのストーリー」

モーガン　『Persianate Selves』という3年ぐらい前に刊行された非常にいい本があります。イランはムガル帝国から始まって、ペルシアの人々がその帝国の一部として暮らしていた。われわれはどういう人々かというナショナルアイデンティティは帝国だから関係はない。でも、私たちイランの人々は、まずマナーのいい人であること。家族を大切にしている人々だということ。私たちは人間としてどういう人々なのか。そういうストーリーは必ず必要だと思います。

でも『想像の共同体』のベネディクト・アンダーソンとか、フランスの哲学者エルネスト・ルナンが書いたのは、ネイション・ステートが生まれるとありとあらゆるストーリーに便乗する。みんなの民族のストーリーを取り上げて、国家のストーリーに変えられてしまう。そうなるといびつになると思います。

民族と人種はまったく違います。民族のほうがゆるやかです。

たとえばモンゴル人は「馬に乗ることができれば、モンゴル人」で、見た目はどうでもいい。それはおそらく全世界の共通点だと思いますが、民族＝人種というのは大きな勘違いで、人種で線引きする必要はないと思います。

石田　だから、モーガンさんが最初に日本でホームステイした友達のお母さんが息子のようにかわいがってくれたのも、そういうことでしょうね。

モーガン　違和感を覚えたのは私だけで、考えてみれば、それは人間ならばどこの国でもふつうにやっていることです。見てくれは違っても。

石田　僕はモンゴル、中国、アラブ、どこの国に行ってもそういう扱いを受けるから、中国に行けばお前は今日から中国人だと、そういう家族的なノリで付き合ってもらえる。こういう付き合いができる人たちというのが人間なんじゃないかって思うんです。

モーガン　やっぱりグローバリズムというのはクローズドシステム。でも民族というのは「オープンシステム」、誰でも入っていい。

面白い小説があります。イブン・バットゥータの旅行記『諸都市の新奇さと旅の驚異に関する観察者たちへの贈り物』。1000年前の話ですけれども、イスラムの彼がおそらくヴァイキングのところではないかと思いますが、非常に野蛮なところに行く。するとそのヴァイキングの人々のなかで、時間がたてばたつほど、自分の存在が認められていくのです。

逆にイスラムというのはどこに行っても、人種とは関係なく、人間同士で付き合える人々だということが見えてきます。それは宗教問題というより人間の理想がいいたかったのではないだろうか。

反対に画一したストーリーを押し付けるのがグローバリズムです。

石田　オープンシステムに対しては外から来た人間が自分の文化とかルールを相手に押し付けるなんてことは絶対にあってはならない。郷に入っては郷に従えの世界。押しつければ対立を生む。グローバリズムはその民族同士を対立させるために、宗教や人種、弱者を利用した「対立の物語」を捏造《ねつぞう》する。

モーガン　だから民族の、われわれのストーリーを取り戻さなければならない。

最後に紹介したい本があります。私が解説を書かせていただいた『新字体・現代仮名遣い版 世紀の遺書―愛しき人へ』（巣鴨遺書編纂会、ハート出版）です。

本書第1章で、歴史というのは戦前には祖父母や両親から口伝えで教えられていたものが必ずあったはずで、80年前の日本人の声を聴く必要があるといいましたが、この本こそがそれにあたります。

戦勝国によって処刑された〝戦犯〟たちの遺書遺稿をまとめたものですが、涙なくしては読むことができません。自分の死よりも残される肉親に思いを遺し、祖国再建をひたすら願う言葉に満ち満ちています。しかし私があえて取り上げたいのはそれとは趣が違う「荒魂《あらみたま》」と題した近藤新八という元陸軍中将が残した遺書です。全日本人に聴いてほしい。


「私は死んで仏になり極楽に行く、或《あるい》は死んだら父母の許に帰るという様な通り一遍なことは毛頭考えていない。否《いな》死して靖国神社に祀《まつ》られ単に護国の神となって鎮《しず》まるというだけでは満足出来ない。私の真の魂魄《こんぱく》は天翔《あまがけ》って此《こ》の敗戦の復讐を遂げねば満足しないのである。御承知の如く人の霊魂には和魂《にぎみたま》と荒魂とがある。私の和魂は靖国神社に鎮まるであろうが私の荒魂は復讐を成し遂げるまでは鎮まる事は出来ない。皇国再建とは何か。米国を亡し支那を平《たい》らげることである。再建を只単に戦前の日本に復興する位《くらい》に考えていては真の再建とは言えない。

再び米国や支那に圧迫せらるる様な中途半端な復興では大日本の世界的使命を果したとは言えないのである。真の皇国再建は復讐戦に勝つことであることを深く念頭に刻み付けて貰《もら》い度《た》い。此の意味に於《お》いて私は死んでも私の霊魂は更に強く活動し度いのである。私の此の精神に同意して呉《く》れる人が一人でも多ければ多い程私の霊魂は愈々《いよいよ》不滅となるからである」

おわりに　【これからは〝人間〟の時代】

２０２４年12月下旬、私の友人、マイケル・マットは、自分が経営するアメリカのキリスト教メディア「ザ・レムナント」のサイトに、イスラエルを猛批判し、パレスチナの人々の命を助けようという動画をアップしました（https://remnantnewspaper.com/web/index.php/articles/item/7540-exposed-jeffrey-sachs-tucker-carlson-and-michael-matt-on-israel-s-war/）。

マットさんは今回に限らず、ワシントンとそれに協力する勢力など全世界のグローバリストを長年にわたって批判してきた方です。しかし今回の動画では、アメリカ人ジャーナリスト、タッカー・カールソンが、コロンビア大学教授、経済学者のジェフリー・サックスをインタビューし、アメリカがシリアでも〝代理戦争〟をしていると指摘している別の動画が取り上げられました。

マットさんの動画を観て、私は、「世界が変わった」ことを強く感じました。なぜなら彼が同じようなことを20年、30年前にいった際には、猛批判が起こり、「反ユダヤ的なやつ」だと糾弾する人が多かったからです。しかし今になって多くのアメリカ人がマット、カールソン、サックスなどに賛同の声を上げているわけです。

「世界が変わった」というのは、人々の考え方が変わった、見方が変わったということです。

この30年間、とりわけここ5年は、グローバリストがどれほど酷い存在か、世界の大半の人々の目におぼろげながらもはっきりとした輪郭を描きだした時期でした。

グローバリズムの正体は人々へ与える死です。ガザ地区で見ているとおり、シリアで、ウクライナで、そしてつくられたパンデミック――プランデミックとワクチン問題で見ているとおり。

かくも苦しみ、憎悪、ウソが世界で蔓延《はびこ》っているのは、グローバリストが私たち人間を、〝非人間〟扱いしていることによります。しかし少し前まではそうは見えなかった人が多くいた。私もそのひとりです。

が、今になって、グローバリズムの正体に目覚めた人の数が急増しています。勢いはすべて、人間の側にあるのです。本書を読むことによって読者がその勢いの力を感じられたなら本望です。

私にとっても、この本は作成の過程で大変勉強になりました。対談相手の石田和靖先生――いつもどおりカズさんと呼ばせていただきます――のお話を聞いて、中東をはじめ、激変する世界について本当に、理解することができたのです。しかしそれ以上、いちばん勉強になったのは、どんなに激変する世界のなかにあっても変わらないものがあることです。それは人間性、人間の常識と温もりです。

カズさんと私は、国籍、育ち、専門分野などことごとく違う。けれど、人間同士であり、友です。

世界を歩きまわっているカズさんには友達が多い。どこに行っても仲間ができる。友を大切にしたい。家族と国を守りたい。もっといい社会を築きたい。もっといい未来を子供たち、孫たちに引き渡したい。

そう考えている人がこの世の中のほとんどだと思います。アメリカ人であるマイケル・マットさんと、日本人である石田和靖さん。パレスチナの人々、イスラエルの人々、シリアの人々、世界の人口の大半の人々はわれわれと同じ願いを持っているはずです。

グローバリストからすれば私たちは人間ではなくて、家畜にすぎない。殺されても仕方がない存在ですが、私たち〝人間〟同士のレベルで見れば光景はまったく違う。グローバリストが長年ついてきたウソ、煽ってきたヘイトを、私は断固拒否します。全世界の常識ある者たち、全世界の人間と、私は仲良くしたい。

この本をつくりながらいちばん強く感じたのがこのことでした。

残念ながら、真実を伝える役目のはずの日本のメディア、政治家、大手会社など自称エリートは、日本国民に本書で議論されたことを伝える気がないようです。

日本に住んでいるはずの私たちは、プロパガンダの王国、ウソの楽園に住んでいた。テレビ、新聞、政治家たちは相変わらず同じウソを発信することに余念がない。それは、グローバリズムの福音です。ワシントンが指導している死のビジネスの一環なのです。しかし私がもっと許せないのは、ワシントンのプロパガンダの洗脳に加担している日本国内の拝米保守、ワシントンの下僕どもです。彼らは日本国民を騙すことを飯のタネにしてきた。

しかしそのウソの時代が、まさに終わろうとしています。いや、実はもう終わったのです。

グローバリズムの時代、反人間の時代、ワシントンが全世界をコントロールしている時代は、歴史の一章となりました。

私は中東の人々が敵だと、ワシントンにいわれて育ちました。それはウソでした。祖父の時代は、日本人が敵だといわれていました。だから私は断言できる。全世界の人々は、私の敵ではないということを。それが真実であるということを。

この本を読んでくださったあなたに感謝します。そして、お願いします。

本書に書かれた真実を知るだけでどうか満足しないでいただきたい。もっと真実を知って、それを一緒に、世界に発信しましょう。仲間募集中。これからは人間の時代。常識の時代。世界をやっつけてきた嫌な連中に対して容赦なくリベンジをして、世界の平和を勝ち取る時代です。一緒に、戦いましょう。

ジェイソン・モーガン

MAKING

【越境 3.0 チャンネル】
https://www.youtube.com/@3.0

【越境 3.0 チャンネル】
グローバリズムの敗北

【越境 3.0 チャンネル】
実はあなたの身近にいる
ディープステート工作員
その手口と日本人協力者

【越境3.0チャンネル】
日本の選択"家畜ロボットのG7"か
"人間のBRICS"か？

【越境3.0チャンネル】
"トランプ3.0"の世界では
一体何が起こるのか?!

【越境3.0チャンネル】
2025年のディープステート
"逆襲（リベンジ）の時代"

Kazuyasu Ishida

石田和靖

国際情勢 YouTuber「越境 3.0 チャンネル」

1971 年東京生まれ。東京経済大学中退後 1993 年から都内の会計事務所に勤務、中東・アジア資本企業を担当。外国人経営の輸出業や飲食業、サービス業の法人税・消費税・財務コンサル業務に従事。新興国経済に多大なる関心を抱き、世界と日本をつなぐ仕事に目覚める。2003 年独立。世界の投資・経済・ビジネスの動画メディア「ワールドインベスターズ TV」や、全国会員 2000 名以上を擁する海外志向経営者のコミュニティ「越境会」、海外でのジャパンエキスポなどを多数主催。これまでアジア・中東・アフリカを中心に世界 50 カ国以上を訪問。各国要人との関係を構築し、様々なプロジェクトを企画・実行。そして、海外政府との繋がりから世界の課題解決をプロジェクト単位で進める日本初の C to G オンラインサロン「越境 3.0」を主宰し運営。2020 年 YouTube「越境 3.0 チャンネル」をスタート。現在チャンネル登録者数 25 万人超の人気チャンネルに成長中。著書に『第三世界の主役「中東」日本人が知らない本当の国際情勢』（ブックダム）、『10 年後、僕たち日本は生き残れるか 未来をひらく「13 歳からの国際情勢」』（KADOKAWA）など多数。

Jason Michael Morgan

ジェイソン・モーガン

麗澤大学准教授
モラロジー道徳教育財団道徳科学研究所客員研究員
歴史学者・日本史研究者

1977年アメリカ合衆国ルイジアナ州生まれ。テネシー大学チャタヌーガ校で歴史学を専攻後、名古屋外国語大学、名古屋大学大学院、中国昆明市の雲南大学に留学。その後、ハワイ大学の大学院で中国史を専門に研究。フルブライト研究者として早稲田大学大学院法務研究科で研究したのち、ウィスコンシン大学で博士号を取得。一般社団法人日本戦略研究フォーラム研究員を経て、2020年4月より現職。『バチカンの狂気』(ビジネス社)、『日本が好きだから言わせてもらいます グローバリストは日米の敵』(モラロジー道徳教育財団)、『私はなぜ靖国神社で頭を垂れるのか』(第七回アパ日本再興大賞受賞作・方丈社)など著書多数。共著に『覚醒の日米史観 捏造された正義、正当化された殺戮』(渡辺惣樹氏との共著・徳間書店)、『日本人が学ぶべき 西洋哲学入門 なぜ、彼らはそう考えるのか?』(茂木誠氏との共著・TAC出版)、『日本を弱体化させるワシントンの陰謀を潰せ!』(マックス・フォン・シュラー氏との共著・ビジネス社)。解説担当書籍に『新字体・現代仮名遣い版 世紀の遺書—愛しき人へ』(ハート出版)がある。

逆襲の時代
脱 DS 支配　これからを生きるための真・世界認識

第 1 刷　2025 年 1 月 31 日

著　者／石田和靖
　　　　ジェイソン・モーガン

発行者／小宮英行
発行所／株式会社徳間書店
　　　　〒141-8202　東京都品川区上大崎 3-1-1 目黒セントラルスクエア
　　　　電話　編集 03-5403-4344 ／販売 049-293-5521
　　　　振替　00140-0-44392

印刷・製本／三晃印刷株式会社

ISBN978-4-19-865948-6